추억의
대한제국

김제방 역사서사시집

문학공원 시선 199

추억의 대한제국

김제방 역사서사시집

대한민국 역사를 보여주는 詩

'한강의 기적'을 이룬 박정희 대통령(朴正熙 大統領)은
그 치욕의 역사를 기억하고 있었다
질곡의 역사와 5천년 찌든 가난에서 탈피하는 걸 지상목표(至上目標)로
그런 위대한 통치자(統治者)가 있었기에 위대한 국가건설(國家建設)이 가능했다
한편 코로나19로 어려운 가운데서도 비교적 안정적 생활을 할 수 있는
것이 아닌가하는 생각을 하게 된다

문학공원

서시

나는 지금 대한제국(大韓帝國)에
100년 전 그 역사 속에 사는 느낌이다
고종황제의 무능·순종황제의 허상이
을사오적신 이완용·이지용·이근택·
박제순·권중현 등이 보이는 듯한 착각
속에 살고 있다
코로나19로 인한 집콕·방콕 생활이 길어지면서
전 세계적인 고민에 흡수돼 떠올린
100년 전의 그 역사!
'한강의 기적'을 이룬
박정희 대통령(朴正熙 大統領)은
그 치욕의 역사를 기억하고 있었다
질곡의 역사와 5천년 찌든 가난에서
탈피하는 걸 지상목표(至上目標)로
그런 위대한 통치자(統治者)가 있었기에
위대한 국가건설(國家建設)이 가능했다
한편 코로나19로 어려운 가운데서도
비교적 안정적 생활을 할 수 있는
것이 아닌가 하는 생각을 하게 된다

차례

제2장 중화민국 건국

제3장 20세기 독재자 8명

제4장 좀스런 대통령

제5장 시일야방성대곡

제1장
거짓말 거짓말

김명수의 거짓말

조국·윤미향·추미애 사태의 어두운 터널을 지나니
이번에는 김명수 사태다
이들은 부끄러움을 모른다는 공통점이 있다
온 국민이 지켜보는 가운데
천연덕스럽게 거짓말을 하고
실체가 들어나자 발뺌하기에 급급하다
"국회 탄핵문제로 임성근 부산고법 부장판사
사표를 수리할 수 없다는 말을 한 적이 없다"는
답변서가 거짓임이 들통 나던 날
김명수 대법원장은 자신의 '흐릿한 기억'을 탓했다
"9개월 전의 불분명한 기억에 의존했다"고
기억이 안 났을 뿐 거짓말이 아니라고 했다
"대법원장 김명수는 거짓말의 명수다!"
야당의 비난과 동시에 김명수는 자퇴하라는
압박에 시달리고 있다
더불어민주당은 임성근 녹취록을 문제시하며
김명수의 거짓을 엄호하고 나섰다
박원순 서울시장이 성추행으로 자살한 그의
행동보다는 고발자를 공격한 여당이 아니던가

냉전종식의 슐츠 별세

"신뢰가 최고의 가치"라는 말을 남기며
미국과 소련 간 핵무기감축 조약을 이끌어낸
조지 슐츠 전 미국 국무장관이 별세했다
향년 101세로 미국 싱크탱크 후버연구소는
"슐츠 전 장관은 로널드 레이건 대통령과 함께
냉전을 종식시키기 위해
외교를 도구적으로 잘 활용해 역사의 방향을 바꾸는 데
핵심적인 역할을 한 인물"이라고 평가했다

슐츠는 1920년 미국 뉴욕에서
독일계 이민자 후손으로 태어나
제2차 세계대전 때 미 해군으로 복무했고
프린스턴대를 거쳐 매사추세츠공대(MIT)에서 경제학 박사 학위를 땄다
1969년 닉슨 정권의 노동장관으로 발탁돼
공직에 입문해 백악관 예산관리국장·재무장관 등을 거쳐 국무장관에 올랐다
그가 국무장관이 된 1982년 미·소의 관계는 썩 좋지 않았다
당시 레이건 대통령은 소련을
'악의 제국(evil empire)'라고 부를 정도로

반(反)소련 분위기가 강했고
이라크 전쟁이 미국과 소련 간의
갈등으로 번지기도 했다
그러나 슐츠는 에두아르 셰바르드나제 소련 외무장관과
지속적으로 접촉하며 양국 간의 긴장을 완화시켰다
두 사람은 1985년부터 4년간 30회 이상 회의를 열어
양국의 무기감축에 대해 논의
1987년 냉전시대 군비경쟁을 종식한 문서로 꼽히는
중거리핵전력조약(INF)에 서명했다
슐츠는 1992년 세계평화에 기여한 공로로
제2회 서울평화상을 받았다

조 바이든 현 대통령은 상원의원 시절이던
1989년 슐츠에게 "전두환 정권이 양심수를
석방하도록 노력해 달라"는 서한을 보내기도 했으며
이런 과정을 통해서 공산당체제가 무너지고 있을 때
김일성주체사상을 신봉하는 주사파들이
맹위를 떨치고 있었다
소위 386운동권들이다
이들이 지금은 586으로 성장해
문재인 정권의 핵심멤버 역할을 하고 있는데
이들이야말로 국제정치의 미아(迷兒)들이라 할 수 있다

백기완 운동가 별세

백기완(89) 통일문제연구소장이 폐렴으로
2월 15일 별세했다
고인은 1932년 황해도에서
4남2녀 중 넷째로 태어나 1946년 월남했다
1964년 함석헌·계훈제·변영태 등 재야 운동가들과 함께
한일협정반대 운동에 참가하면서 민주화 운동에 나섰다
1974년 유신반대 백만 명 서명운동을 주도하다가
긴급조치 1호의 첫 위반자로 12년형을 선고받았고
형집행정지로 풀려난 뒤인
1979년에 'YMCA 위장결혼 사건'을 주도해 다시 투옥됐다
당시 써내려간 15장의 시(詩) '묏비나리'는
'임을 위한 행진곡' 가사의 원작이 됐다
1987년·1992년 두 차례에 걸쳐
대통령 선거에 출마하기도 한 그는
이후 데모 현장의 감초역할을 했다

세월호 구조실패 무죄

세월호 참사당시 구조의무를 소홀히 한 혐의로 기소된
김석균 전 해양경찰청장 등
해경 지휘부에 대해 1심에서 무죄가 선고됐다
2021년 2월 15일
서울중앙지법 형사합의 22부(부장판사 양철한)는
2014년 6월 14일 세월호 참사 당시
즉각적인 퇴선 유도와 선체 진입 등
구조의무를 다하지 않은 혐의로 재판에 넘겨진
김석균 청장과 김수현 해경청장, 이춘재 해경경비안전국장 등
10여명에게 무죄를 선고했다
재판부는 다만 김문용 전 목포해경서장과
이재두 전 3009함 함장에 대해선
부하직원에게 "퇴선유도조치를 지시했다"는 보고서를
허위 작성토록 한 혐의로
징역형의 집행유예를 선고했다

고종황제의 거짓말

1853년 미국 페리 제독의 무력시위로 개항된 일본은
1867년 메이지유신(明治維新)을 단행했다
1895년 한반도의 패권을 놓고 청일전쟁을 벌여
예상을 뒤엎고 승리한 일본은
1905년 한국과 만주의 패권을 놓고
러시아와 전쟁을 일으켜 또 승리했다
이를 계기로 아프리카·아시아를 분할해
식민지화한 서구열강은 극동아시아 지역에서
일본의 제국주의적 참여의 몫을 인정하기에 이르렀다

1905년 11월 16일 러일전쟁을 승리로 이끈
일본의 이등박문(伊藤博文)은
덕수궁으로 들어가 고종황제를 찾았다
"전하 외신 이토오 히로부미 폐하께 주상이옵니다
금번 저희가 내놓은 일한보호조약은
그 근본 의미가 동양의 평화유지를 위한 것이라 생각되옵니다"
"아니 보호조약이라니
대체 누가 누구를 보호한다는 게요?
이 나라는 예부터 500년 동안 연면히 이어 내려온
자주독립국이오

짐이 설혹 이 사직과 함께 목숨을 바칠지언정
그것만은 받아들일 수 없소!"

1905년 11월 17일
이등박문은 덕수궁으로 다시 들어갔다
이들의 강압으로 열린 어전회의에 고종황제가 나타나자
대신들은 풀죽어 고개도 들지 못하고 있었다
어전회의는 5시간이나 계속됐지만 결론이 나지 않았다
이등박문은 무장한 수십 명의 헌병을 인솔
어전회의장에 직접 참석해
한일보호조약(韓日保護條約-乙巳保護條約)의 당위성을 역설했다
이때 한규설이 반대하고 나오자
헌병들이 달려들어 끌어내고 사태가 험악해지자
이등박문은 방법을 바꿔 다수결로 얼렁뚱땅
조약을 성립시키려 하였다
"여러분 다수결로 결정하겠소
찬성하는 분은 손을 들어보시오"
그러자 군부대신 이근택·내무대신 이지용·학부대신 이완용·외무대신 박제순·농상공부대신 권중현 등 5인이 손을 들었다
이등박문의 최후통첩이 떨어졌다
"세 분 대신의 반대가 있었으나
찬성이 다섯 분이나 되므로 이 조약은 성립되었소"
찬성자 5명은 을사오적신(乙巳五賊臣)이 되었다

참정대신 한규설·탁지부대신 민영기·법무대신 이하영은 반대하였다

일본공사관을 통감부로 고치고
초대통감으로 이등박문이 임명되었다
을사조약으로 외교권이 박탈당하고
나라의 흥망이 눈앞에 이르자
조정의 뜻있는 신하들은 고종에게 상소를 올렸다
그러나 무슨 소용이 있으랴
황제의 눈에서는 눈물이 하염없이 흘렀다
비통해하던 민영환은 자결하였으며
홍만식·이상철·윤두병·김봉학 등이 뒤따라 자결했다
분을 이기지 못한 이상설은
바윗돌에 머리를 부딪고 실신했다
그러나 기울기 시작한 국운을 어찌하랴

고종황제의 울분은 날로 늘어가고 있었다
일인들은 황실의 내탕금을 줄여 생활이 궁핍했고
고종황제는 별입시(別入侍)를 통해 외국영사를 접하면서
국제정세를 어느 정도 파악하고 있었다
1907년 6월 네덜란드 헤이그에서
26개국 만국평화회의가 열린다는 것을 알고
억울한 사정을 호소하려고 특사를 파견하였다
믿을만한 신하를 물색하다가

이준(李儁)에게 그 일을 맡기기로 하였다
"경은 짐의 마음을 충분히 이해하리라 믿소
을사보호조약은 전혀 황제의 뜻이 아니라는 사실을 고하시오
나라의 생사가 달린 문제니 부디 성공하기를 바라오"
이준은 비분강개하여 눈물을 흘리며 다짐했다
그러나 국제회의가 애원으로 통할 리가 있겠는가
울분을 참지 못한 이준은 득병하여 그곳에서 죽고 말았다

헤이그에 밀사를 파견했다는 소식이 전해지자
이등박문 통감은 펄쩍펄쩍 뛰었다
"무엇이라고? 밀사를 파견해? 허수아비
황제가 나를 감쪽같이 속였다?
어디 두고 보자!"
날이 밝자 이등박문은 허둥지둥 덕수궁으로
들어가 살기등등하게 고종황제 앞에 다가섰다
"폐하! 우리 대일본제국을 어떻게 생각하시고
그런 일을 꾸미셨습니까?"
고종은 밀사사건이 탄로 났음을 직감했으나
"통감은 무엇 때문에 그토록 화를 내시오?
우선 그 이유나 들어봅시다"
"폐하께서 헤이그에 밀사를 파견하신 것은
대체 무슨 뜻입니까? 이는 일본에 대한
선전포고보다도 더한 처사가 아닙니까?"

"그것은 짐이 전혀 모르는 일이오"
덕수궁에서 물러나온 이등박문은 이 기회에
고종황제를 폐위시키려 했다

1907년 7월 19일 대한제국의 고종황제는
입술을 깨물고 눈물을 흘리며 조서를 발표했다
"오호라! 짐이 보위에 오른지 44년이 되었노라…
이후로 모든 국가의 대사를 황태자로 하여금 대리코
자 히니
만백성은 앞으로 더욱 충성하도록 할지어다"
1907년 7월 20일 중화전에서 황태자의
대리청정식을 거행했다

외무성 고문 미국인 스티븐스는 1908년 3월 21일
미국으로 건너가 샌프란시스코 기자회견에서
일본의 한국 통치를 찬양하였다
한국교포들은 정재관·최유섭 등을 대표로
스티븐스를 만나 사실여부를 확인케 하였다
"미국인이 이럴 수가 있소?"
"한국에 이완용 같은 충신이 있고
이토오 히로부미 같은 통감이 있으니
이것은 한국의 큰 행운이요
일본이 한국을 빼앗지 않았다면
벌써 러시아에 빼앗겼을 것이오
신문에 낸 기사는 내 생각과 조금도 다름이

없으니 정정할 생각이 없소"
이틀 후 스티븐스가 워싱턴으로 가기 위해
기차를 타려고 오클랜드 페리에 도착했을 때
한국 청년 한 사람이 나타나 쇠뭉치로 얼굴을 강타했다
힘이 센 스티븐스는 한국 청년을 쓰러뜨리고
마구 때리고 있을 때 '탕! 탕!' 두 발의 총성이 울리면서
스티븐스가 피를 흘리며 쓰러졌다
앞의 청년은 전명운
뒤의 청년이 장인환이었다
두 청년은 애국하는 마음이
우연의 일치로 나타났던 것이다

안중근의 거사

1909년 10월 26일
69세의 이등박문은 만주시찰과
러시아와의 협상을 위해 만주 하얼빈에 도착
영접행사 도중에 안중근 의사의 총을 맞고 죽었다
러시아정부는 안중근을 일본 관헌에 인도하여
여순 감옥에 수감되었다
여순과 미국에 살고 있는 동포들은
안중근 구명에 나섰다
러시아·스페인에서 변호사가 달려오고
영국인 변호사가 자발적인 변호를 맡고 나섰다

서울에서는 정반대의 현상이 벌어졌다
일진회는 일본에 사죄특사를 보내자는 등
친일파들은 어쩔 줄을 몰라 전전긍긍하였다
12월에 접어들면서
일진회 회장 이용구(1868-1912)는
1백만 명의 회원을 대표하여 한일합방을 주장하기 시작했다
대한상무협회와 국민찬성회 등의 단체도
이에 동조하고 나왔다
서울장안에서는 이들을 규탄하였다

"일진회와 이용구를 처단하라!"
"이완용 친일내각은 즉각 사죄하고 물러나라!"
12월 22일 명동 천주교회 앞에서
군밤장수로 변장한 청년 하나가 이완용을 기다렸다
벨기에 황제 레오폴드 2세의 추도식에 참석하고 나오는
이완용의 배를 찌르고
체포된 청년은 이재명(1890-1910)이었다

한국은 일본의 보호정치를 스스로 원하고 있다고
선전해온 일본으로서는
이와 같은 사태가 연이어 발생하자 난처했다
감옥에 갇혀있는 안중근을 이용
대내외적인 체면을 찾으려고 부심하면서
안중근으로 하여금 스스로의 잘못을 널리 천명케 하려고
갖은 수단으로 유혹했다
"허허 지금 나를 설복하려드는 것인가?"
안중근은 1910년 2월 14일 여순에서
32세의 나이로 생을 마감했다
그 무렵 이재명도 사형됐다

한일합방조약

1910년 8월 17일 총리대신 이완용은
내각회의를 소집했다
내부대신 박제순·탁지부대신 고영희·농상공부대신 조중응·학부대신 이용식 등
회의 소집의 목적을 설명하자
모두들 고개를 숙인 채 묵묵히 듣고 있었다
이때 학부대신 이용식이 일어나 비통한
음성으로 소리쳤다
"여러분 단언코 이 일만은 아니 되오!
비록 힘이 약해 주권을 빼앗겼다고 하나
어찌 우리가 속방(屬邦)이 된단 말이오
게다가 어찌 우리 스스로의 입으로
병합을 논의한단 말이오?
이완용 대신께서는 들으시오!
칼을 맞아도 혼자 맞도록 하시오!"
이용식은 회의장을 뛰쳐나가고 말았다
만류하던 이완용은 그 자리에서 눈을 감고
선채로 다리를 후둘후둘 떨었다
나머지 네 사람은
침통한 분위기 속에서 회의를 진행시켜
대한제국의 백성으로 하여금 일제의 칼날 앞에

피를 흘리게 할 수는 없다는 생각에서
그들은 한일합방(韓日合邦)에 찬성하기로 의견을 모았다
스스로 역사의 죄인이 되어 십자가를 짊어지고
한민족의 피를 막자고 했다

1910년 8월 22일 창덕궁으로 들어가기 전
데라우치는 헌병대장을 불렀다
"헌병사령관! 빈틈없는 경계망을 폈겠지?"
"핫 열다섯 발짝 간격으로 배치했습니다"
데라우치는 헌병대장을 대동하고
창덕궁으로 들어갔다
순종황제는 합방조약을 승인할 수 없다고 버티고 있었다
그걸 알고 들어간 데라우치
"폐하께서는 합방조약을 못 하신다구요?"
서슬이 시퍼런 데라우치의 태도는 불손하기 짝이 없었다
차고 있던 군도가 덜그럭거렸다
이완용이 나서면서
"황제 폐하! 윤허를 내리시옵소서"
이를 지켜보고 있던 데라우치가 협박했다
"폐하 어찌 데라우치의 체면을 이토록 손상시키시는 겁니까?"
"무엇이오?"

"폐하! 외신 데라우치 성격이 급해
어떤 불상사를 초래할까 두렵습니다
자칫 이 나라에 광풍이 몰아칠지도 모릅니다"
창백한 순종황제는 데라우치의 얼굴을 바라볼 뿐이었다
데라우치는 뒤를 돌아보며 소리쳤다
"고쿠부군! 곤도오군! 옥새를 가져오라!"
그들은 창덕궁 안의 모든 열쇠를 관리하는
일본인들이었다
옥새를 가지러 갔던 이들이 돌아왔다
"각하 아무리 찾아도 보이지가 않습니다
분명히 그곳에 있었는데…"
"없다구?"
강제로 옥새를 꺼내다가
합방조약에 도장을 찍으려던 데라우치는 당황했다
어전회의가 열리고 있을 때
황후 윤 씨는 옥새를 가져다가 품안에 감추었다
순정효황후 윤 씨는 해풍부원군 윤택영의 딸로
1906년 13세에 동궁 계비로 책봉되고
1907년 순종이 즉위하자 황후가 되어
한일합방 당시 17세였다
순종황제는 37세였다

옥새를 숨길 수 있는 사람은 황후뿐이라 생각한
이완용은 황후의 백부인 시종원경 윤덕영에게
"시종원경 도와주시오"

윤덕영으로서는 썩 내키는 일이 아니었으나
내전 쪽으로 발길을 옮기면서
황실의 운명을 생각해보았다
이미 기울대로 기울어진 나라
옛다 모르겠다
윤덕영은 접촉이 잦던 상궁을 불러 탐색했다
“옥새는 아직도 그대로 있소?”
“예 그렇습니다”
“혹시 다른 곳으로 옮긴 것은 아니오?”
“아닙니다 아직은 황후폐하께서 지니고 계십니다”
넘겨짚어 옥새의 행방을 안 윤덕영은
“황후폐하 신 윤덕영 문안드리옵니다”
“어서 오시어오 웬일이십니까?”
“황후폐하! 대세는 이미 기울었습니다
옥새를 내주셔야합니다”
“옥새의 행방은 나도 모릅니다”
그러는 사이
“아 아니 그게 무슨 짓이오?”
재빨리 무릎걸음으로 다가온 윤덕영이
치마폭에 숨겨진 옥새함을 낚아채어
벌떡 일어섰다

윤덕영으로부터 옥새함을 넘겨받은
이완용과 조중응은 순종황제의 친임장을 만들어
옥새를 찍어 들고 통감 데라우치에게로 달려갔다

통감부에서 마련한 한일합방조약에 일자를 기입하고
서명날인하는 것으로 조인은 간단히 끝났다

1910년 8월 22일 내각총리대신 이완용
1910년 8월 22일 통감자작 데라우치 마사다케

이 조약은 1주일 동안 비밀함에 보관되었다가
8월 29일 공포되었다

대한제국의 붕괴

1910년 8월 29일 대한제국이 무너지던 날
망국의 패자들이 애통하고 있을 때
일본 동경에서는 승리를 자축하는
예포소리가 울려 퍼졌다
일장기를 든 인파로 흥청거리며
나팔소리·북소리·등불행렬 등
광란의 축제가 연일 계속되고
일본은 한일합방을 공포하면서 모든 것을 바꾸었다
대한제국을 조선으로
태황제 고종을 덕수궁 이태왕
황제를 창덕궁 이왕 전하
황태자를 이왕세자로 격하시켰다
대신과 각료들에겐 공훈에 따라 작위를 내려
데라우치 마사다케는 자작에서 백작
총리대신 이완용은 백작이 되었다
후작 6명·백작 3명·자작 21명·남작 37명
그 중에서 유길준·민영달·한규설·홍순형·윤용구·김석진·
조정구·조경호 등
8명은 작위를 거부했다

최초의 자동차

1885년 독일인 기사 다임러(Daimler)가
자동차 제조의 창시자 마이바흐와 협력하여
경유를 연료로 소형의 내연기관을 고안
교통기관에의 이용이 시도되어
1887년에는 세계최초의 자동차가 등장했다
1890년에 다임러 자동차회사를 설립했고
1899에는 벤츠회사와 합병하여
다임러-벤츠회사를 만들었다
그러나 자동차 제조는 많은 시행착오가 거듭되어
공업화된 것은 20세기에 접어들면서였다
미국의 포드(Ford Henry: 1863-1947)는
1892년 자동차 조립에 성공하여
1899년에 디트로이트 자동차회사를 설립하고
기사장이 되었다
1902년 더욱 값싼 자동차를 생산하기 위해
포드자동차회사를 설립하였다
포드는 부품의 표준화와 작업의 합리화를 시도
8시간 노동제와 일당 5달러의 최저임금제도를 채용
그 선구자가 되었다
고종황제는 1903년 포드자동차를 구입해
우리나라 최초의 자동차가 되었다

포드 자동차는 1926년 드디어 180만 대를 생산함으로써
세계 유수의 자동차회사로 발전하였다

'하늘을 나는 기계'는
15세기 르네상스의 만능인으로 알려진
레오나르도 다빈치의 연구노트에서
공기역학·조류비행·낙하산 등의 힌트가 기록되어 있으나
실제로 등장한 것은 1903년
미국인 라이트(Wright: 1867-1912) 형제의
육상비행 성공이 최초였다
1903년 12월 17일 노스케롤라이나의 키티호크에서
인류 최초의 비행에 성공
1906년에는 특허를 획득
유럽 각지를 순회하며 비행을 공개하고
이어서 미국 육군의 테스트에 합격하였다
1909년에 라이트 형제는
아메리칸 라이트 비행기주식회사를 설립하고
사장이 되었다
안중근 의사가 이등박문을 저격한 해였다

노벨상

기관총이나 기관포가 역사상 처음으로 등장한 건
미국의 남북전쟁(1861-1865) 때이고
본격적으로 기관총이 출현한 것은
1889년 영국의 맥심이 자동기관총을 발명하면서부터다
이무렵 '라이플총'에 개량이 가해져
영국에서는 '비키스' '암스트롱'
독일에서는 '쿠르프'
프랑스에서는 '크루조' 등의 무기제조회사가
대량으로 기관총을 생산하기 시작했다
국제관계의 긴장과 국가대립의 첨예화로
각국이 군비의 증강을 서두르자
많은 양의 무기와 탄약의 생산이 더욱
활기를 띠기 시작하였다
스웨덴의 화학자 노벨(Nobel: 1833-1896)이
1867년 다이나마이트를 발명한 이후
약 20년 동안에 그보다 훨씬 성능이 좋은
무연화약이 발명된 것도
이상과 같은 상황에서 필연적인 사실이었다
노벨은 그 발명으로 막대한 자산을 모았고
일생동안 결혼을 하지 않았다
그는 산업용으로 발명한 화약이 살상용으로

쓰이게 된 것에 대한 죄책감으로
유산 170만 파운드를 그의 유언에 따라
노벨상의 기금으로 만들었다
1901년부터 물리학상·화학상·의학상·문학상으로 나누고
국적·성별에 관계없이 각각 그 부문에서 현저한 공로자에게
매년 노벨상을 수여하였다
후에 평화상이 추가되어 현재에 이른다

데라우치의 무단정치

1910년 8월 29일 한일합방조약이 공포되고
12월에는 안중근 의사의 사촌 안명근이
데라우치 총독을 죽이려다가 미수에 그친 일이 있었다
이를 계기로
1911년 1월부터 민족주의자를 체포하고
무단정치(武斷政治)를 강화하는 등
공포분위기가 조성됐다
한번 결정을 내리면 무섭게 밀어붙이는
데라우치의 정책은 일본에서도 반발했다
총독정치가 열을 더해가자 일본에서
숱한 부랑잡배들이 한국으로 몰려왔다
"조선으로 가자! 거기서 한밑천 잡자!"
그들은 희망을 품고 부산에 들어왔다
그러나 한국인의 눈빛은 냉랭하고 싸늘했다
곳곳에 숨어 있는 의병들에게
언제 죽임을 당할지 몰랐다
일본정부는 한국 스스로 원해서 합병한 것이라
선전해왔는데 현실은 딴판이었다
더욱 이상한 건 데라우치 총독의 냉대였다
냉대가 지나쳐 탄압까지 하였다
데라우치는 일본인들이 많이 들어오면

방해가 된다고 생각했다
헌병을 앞세운 무단정치는 드세져갔다
실로 원통할 뿐이었다
그럼에도 덕수궁의 고종과 엄 귀비
창덕궁의 순종황제와 황후 윤 씨는
볼모로 간 영친왕의 안위를 걱정하느라
편한 날이 없었다
"괘씸한 일본인들의 소행이로고
어찌 황태자를 보내주지 않고
기껏 활동사진이라니
5년이 넘도록 한 번도 약속을 지키지 않는 자들이
그래도 양심은 있었던가
괘씸한 자들 같으니"
황태자의 생모 엄 귀비는 안절부절하였다

엄 귀비의 죽음

덕수궁 석조전 접견실에는
순종황제 내외를 비롯해 관객이 꽉 차 있었다
사상 처음으로 상영되는 활동사진이었으니
호기심이 가득 찬 고관대작들에게
안내하는 일본인 기사가 자랑스러운 듯 설명했다
"감사합니다
총독부에서는 국장·과장급에서 20여 명이 참석하였고
내외귀빈과 외국인 선교사 등
100여 명이 초청되었습니다"
그러는 동안 엄 귀비는
아들의 모습이 보고 싶어 조바심했다
1907년 볼모로 유학을 떠난 지 5년 동안
그리던 아들이었다
이때 고종이 점잖게 한마디 하였다
"기사는 빨리 시작토록 하라!"
"예 전하 잠시만 기다려 주십시오
총독각하께서 나오시도록 되어있습니다"
"아니 총독이 무엇하러 나온단 말이냐?"
참다못한 순종황제가 조용히 다시 이른다
"총독이 너무 늦는 것 같구나
오래 기다린 사람이 많으니 속히 시작하라!"

"전하 그것은 아니 되옵니다"
덕수궁 석조전 접견실에 활동사진 보러 나온
제왕의 품위가 말이 아니었다
참으로 분하고 서글펐다
그렇다고 나라를 빼앗긴 임금이
무슨 뾰족한 수가 있었던가
원로대신들은 그 광경을 보고
헛기침만 하고 있었다

그러고도 시간이 꽤 흘렀다
"총독 각하께서 오시고 계십니다"
일본인 관계자가 소리쳤다
그러나 데라우치의 출현을 반기는 사람은 없었다
기다리던 활동사진이 돌아가기 시작했다
엄 귀비는 아들 영친왕이 빨리 나타나기를
눈이 빠지게 기다렸으나 엉뚱한 그림만 나왔다
초조하게 기다리는 가운데 화면에
웅장한 군함이 나타나면서 많은 학생과 군인이 보였다
영친왕의 모습이 나타나자 엄 귀비는
"저하!"
소리를 지르고 울음을 터뜨리고 말았다
고종은 보기가 민망했다
잠시 후 점심 식사하는 광경이 나타나고
영친왕의 얼굴이 다가왔다
"지금 저하께서 드시는 수라가 무엇이오?"

애타게 묻는 엄 귀비의 물음에 기사가 머뭇거리자
총독이 힐끗 대답했다
"니기리메시라는 것이지요"
"아니 그게 무엇이오 총독?"
"소금을 뿌린 주먹밥입니다"
"주먹밥이라고?
아니 총독 우리 저하께서 그래 주먹밥을 드신단 말씀이오?"
활동사진을 보고 돌아온 엄 귀비는 울다가 몸져 누워
저녁 내내 헛소리를 하다가
자정을 지나 삼경쯤 운명하였다

순종황제와 황후 윤 씨

1912년 어느 봄날
순종황제는 울적하고 답답하여 창경원을 거닐고 있었다
뒤를 따르던 황후 윤 씨가 조심스럽게
"마마! 덕수궁 아바마마께옵서 상궁 양씨와…"
"부왕께서 양씨로부터 위안을 얻고 계신다
그런 뜻이오?"
"예 그러하옵니다 벌써 잉태를 하시어
해산일이 가까웠다하옵니다"
"허허, 금치초문이구려… 허허"
웃음을 터뜨린 순종은 순간 비감에 젖는다
19세 한창 나이에 부부의 정을 모르고 사는 여인…
남자로서의 결함 때문에 가슴앓이를 하다가
요절한 동궁빈 민 씨도 그렇고
순종은 눈물이 핑돌았다
불쌍한 여인…
가슴이 아파온다
5월이 되어 상궁 양씨는 옹주를 순산했다
덕혜옹주(德惠翁主)였다

명치천황 사망

1912년 7월 30일 위풍당당하던
일본 메이지 천황(明治天皇)이 사망했다
명치유신·청일전쟁·러일전쟁·한일합방 등을 통해
강대한 군사적 제국주의 국가를 만들었음에도 불구하고
그는 항상 반대세력의 위협을 받아왔다
반대세력을 탄압하다가
1910년에는 천황암살을 기도하는
고토구(幸德)사건이 일어나기도 하였다

9월 13일 장례식이 성대하게 거행되었다
볼모로 끌려간 영친왕이 눈물을 흘렸다고 해서
고종이나 순종의 기분을 상하게 했지만
조선총독 데라우치는 이 기회에
골치 아픈 신민회사건을 마무리하였다
윤치호·양기탁·안태국·이승훈·유동열·임치성 등
6명에게는 징역 20년형을
나머지 99명에게는 징역 5~7년형을 내림으로써
105인 모두에게 실형을 선고하였다

일본에 간 순종황제

1917년 6월 8일 순종황제가 동경으로
천황을 배알하러 간다고 발표했다
백성들은 야유했다
"일본에 조공하러 가나?"
"전에 고려 때도 원나라에 가서 그랬다네"
순종은 인천에서 군함을 타고 현해탄을 건너
4일 만에 동경에 도착하여
일본 천황 이궁에서 유숙하고 6월 13일
순종은 대례복에 훈장을 달고
황실에서 보내준 마차를 타고
궁성으로 들어가 봉항간에서
다이쇼천황(大正天皇: 1912-1926)에게 배례했다

천황은 황태자 시절인 1915년 서울에서 열린
박람회에 참석차 서울에 와 초면은 아니었다
일본 황태자는 남대문으로 들어올 수 없다고
빗장을 걸어 잠근 것이 아직도 그 상태라고 했다
순종은 백성들로부터 자신이 똑똑치 못하다는 말을 들은 터라
다이쇼천황에 대해 관심 있게 뜯어보았다
뜻밖에도 자신보다 더 시원치 못한 것을 느꼈다

메이지천황 능에도 참배했다
교토까지 특별차로 모모야마에 들어가
그들이 시키는 대로 따라한 순종은
무엇하나 더 보고 더 알려는 의욕 같은 것은
처음부터 없었다
체류기간 20일이 지겨웠던 그는
6월 28일 귀국해 덕수궁 부왕에게 인사하였다
"무사히 다녀왔으니 다행이오
그래 일본 황제는 어떻던고?"
"소자만도 못한 줄로 보고 왔사옵니다"
"응 그 나라도 운수가 다한 나라구려"
바로 그해 11월 14일
경북 선산군 구미면 상모리에서
박정희 대통령이 탄생하였다
그해 10월 러시아에선
볼셰비키 혁명이 성공을 거두었다

태황제 고종의 고민

세계정세에 둔감한 고종과 순종황제는
영친왕의 결혼문제로 고민하고 있었다
"아니 우리 유길이가
어찌 섬나라 여자와 결혼을 한단 말인가?"
황태자 영친왕은
11세에 일본으로 건너간 지도 10년이다
가기 전에 민갑완이라는 규수와 혼약을
서두르다가 볼모가 되었다
"그래 이름은 무엇이더냐?"
"예 일본의 황녀로 나시모토노미야(梨本宮)의 딸
마사코(方子) 여왕이라 들었습니다"
"그래? 생각할수록 숨이 막힐 노릇이구나
어서 창덕궁으로 전화를 하여라"
고종의 노력에도
민갑완 규수의 안타까움에도 아랑곳하지 않고
일본 황녀와의 결혼은 무르익어 가고 있었다

백기완 빈소에 대통령

문재인 대통령이 2021년 2월 17일
서울 종로구 서울대병원에 마련된
백기완 빈소를 찾아 조문했다
문 대통령이 직접 빈소를 찾은 것은
2019년 1월 일본군 위안부 피해자인
김복동 할머니를 조문한 이후 2년 만이다
이날 문 대통령은 빈소에 들어서며
"술 한 잔 올리고 싶다"고 말한 뒤
영전에 술잔을 올리고
바닥에 엎드려 큰절을 했다

대통령의 거짓말

문재인 대통령이 신현수에게 민정수석직을 제안하면서
"의견을 존중하고 자율성을 주겠다"는 약속이 깨지자
좌절감을 느끼고
가족에게까지 사직결심을 알린 것으로 전해졌다
신현수 수석과 가까운 법조계 인사들에 따르면
신 수석이 갑작스럽게 사의를 표명한 이유는
문 대통령이 신 수석을 '삼고초려'하면서 했던 약속을
사실상 어기게 된 것 때문이라 했다

대법원장의 사과

2021년 2월 19일 김명수 대법원장은
법원 내부 계시판을 통해
“여러 지적을 무겁게 받아들이고
부주의한 답변으로 큰 실망과 걱정을 끼쳐드린 점에 대해
깊은 사과의 말씀을 드린다”고 밝혔다
김 대법원장은 2월 4일 국회에서
“법관 탄핵문제로 임성근 부장판사의 사표를
수리할 수 없다고 말한 사실이 없다”고 했다가
다음날 임 부장판사와의 대화녹취록이 공개되자
“불분명한 기억에 의존해 송구하다”며 입장을 바꿨다
김 대법원장의 이날 입장표명에 대해
일부 법관들은 “사과하면서도 또 거짓말을 했다”고 비판했다

거짓말

거짓말의 사전적 의미는 의도적으로
상대방을 속이는 꾸민 말이다
순수한 실수 잘못된 정보를 근거로 한 말
참과 거짓을 구분 못하는 정신질환자의 허언 등은
거짓말이 아니다
거짓말이 성사되려면
'고의성'과 '자의식'이 있어야 한다
거짓말은 생존과 번식을 위한
동물적 본능에서 출발하며
고등 동물일수록 권력·재물·성욕·체면 등
다양한 목적을 위해 정교하게 상대를 속인다
그러나 악의적인 거짓말로
권력·재산·사회적기회 등을 얻는 행위는
동서고금을 막론하고 사회적 비난과
단죄의 대상이 되고 있다

제2장
중화민국 건국

중화민국

1911년 10월 10일 무장봉기가 일어났다
신해혁명(辛亥革命)이라고도 한다
이 소식이 전해지자 각지에서 일어나
2개월도 못되는 사이에 14성(省)이 독립을 선언하고
미국에 있던 손문(孫文)은 영국을 경유하여 귀국했다
남경에 있는 이들 대표들은 손문을
임시대총통에 선출하고
1912년 1월 1일 중화민국 임시정부를 수립하였다
손문은 남경(南京)을 수도로 정하고
국호를 중화민국(中華民國)이라 했다
이어 내각을 조직하고
각 성의 대표회의를 참의원으로 개편하였다
혁명의 거사일인 10월 10일을 쌍십절로
중화민국의 건국기념일로 정하였다

청(淸)의 멸망

청(淸)으로부터 사태수습을 의뢰 받은
원세개(袁世凱: 1860-1916)는
이 기회를 이용 내각총리대신으로 취임하고
자신의 부하들을 내각에 입각시켰다
선통제(宣統帝: 1908-1912)의 아버지 순친왕을 실각시키고
실권을 장악한 원세개는
부하 풍국장·단서기 등에 병력을 주어
혁명군을 토벌 한구(漢口)·한양(漢陽)을 차례로 수복하였다
원세개는 남방의 혁명군을 더 이상 압박하지 않고
북경에 있는 영국공사 요르단을 통해
남경 중화민국 정부와 비밀협상을 제의했다
그러나 이때 남경정부의 내부 약점이 드러나
혁명당원과 새로 참가한 군대 간의 소통이 원활하지 못했다
혁명당원 내에서도
중화민국연합회·민사·공화통일회 등의 파벌이 형성되고
입헌파와 혁명파의 주도권 싸움도 치열했다
남경정부가 일본에 요청한 차관이 거절당하고
민중들의 재정적 후원도 끊겨

극도의 재정궁핍에 허덕이고 있었다
이런 가운데 원세개의 협상제의가 온 것이다

마침내 손문과 원세개는 밀약을 했다
① 황제의 퇴위와 공화제의 실시
② 남경천도
③ 원세개 대총통 추대 등이었다
원세개는 즉시 중국은 세계의 대세를 따라
황제가 물러나고 공화제가 채택되어야 한다고 협박했다
이에 만청(滿淸) 귀족들은 종사당을 만들어 반대했으나
원세개는 중심 인물들을 암살하고
청황실 세력을 거세하였다
나이어린 선통제는 퇴위 후에도
외국군주로서의 예우와 세비지급 등의 확약을 받고
1912년 2월 12일 퇴위를 선언했다
이로써 청나라는
1636년 제2대황제 태종 홍타시(太宗 皇太極: 1626-1643)가 금(金)나라를 청(淸)으로 바꾼 지
277년 만에 멸망하게 되었다
같은 해 5월 한국에서는 덕혜옹주가 탄생하고
7월에 일본 명치천황이 사망했다

복고반동의 원세개

1912년 2월 12일 선통제 부의가 퇴위
13일에는 임시총통 손문이 사퇴하고
원세개가 대총통으로 추대되었다
원세개는 고의로 변란을 일으켜 북경을 혼란시키고
치안을 핑계로 남경천도를 하지 않았다
3월 10일 북경에서 대총통에 취임하고
4월에는 임시정부 중의원을 북경으로 옮겨왔다
원세개는 원래 봉건지주층 출신으로
군벌관료들을 대표하고 있었다
대총통이 된 그는 손문과 남경정부에 했던 약속을
모두 배반하고 자신의 독재권 확립을 위해
수단방법을 가리지 않았다
1912년 시행된 참의원 선거에서 국민당이
압도적으로 당선되었다
국민당은 원세개의 전횡을 견제하고자
책임내각제를 통과시키려 하였다
원세개는 국민당을 매수하여
이를 분쇄하려 하다가 여의치 않자
중심 인물인 송교인을 암살했다
국회 동의 없이 비밀리에
영국·프랑스·러시아·독일·일본으로부터

2,500만 파운드의 차관을 도입
독재수립을 위한 재정자금으로 확보하려다가
반대세력의 저항에 봉착하자
이들을 협박·회유·불법감금 등 모든 수단을 동원
국민당계의 강서도독·안휘도독·광동도독을 모두 파면하여
이들의 무력을 탈취했다
혁명세력은 원세개의 무력에 상대가 못됐다
혁명의 실패로 손문·황홍 등은
일본으로 망명을 떠나야 했다
제2혁명을 진압한 원세개는 더욱 독재권을 확립
국민당을 해산시켰다
1914년 5월 대총통의 권한을 강화하고
언론탄압에 돌입했다
공자회종운동을 전개해 유교의 도덕교육을 부활시켜
중국 역사는 다시 복고반동의 방향으로 역류하고
원세개의 반혁명활동이 시작되었다
원세개는 제제운동(帝制運動)을 일으켜
황제가 되려고 하였다

원세개의 죽음

황제가 될 꿈을 꾸고 있던 원세개에게
1915년 1월 일본은 21개조를 요구해왔다
“만약 성의를 가지고 21조의 요구를 받아들인다면
일본정부는 귀 대총통이 황제가 되는 것을 승인할 것이다”
21개조의 내용은
산동성 내에 독일이 소유한 권리와
이권처분에 관한 일본과 독일 간의 협정을 승인하고
산동성을 다른 나라에 할양하지 않을 것 등이었다
일본이 황제제도의 부활을 지지한다는 조건이었으므로
약간의 수정을 거쳐
1915년 5월 25일 조인했다
그러나 당계요가 반대해 원세개 토벌군을 조직하자
원세개는 칭제(稱帝)를 연기한다는 통지를 발송하고
정세 호전을 기다리다가
1916년 6월 6일 울분 속에 57세로 죽었다
후일 5월 25일은 중국의 국치일로 정했다

단기서 정권

1916년 원세개가 죽고 정치의 실권은
단기서(段祺瑞: 1863-1936)에게로 넘어갔다
이 무렵 제1차 세계대전이 교착상태였다
러시아의 재정적 위기는 더욱 심각했다
러시아는 1916년 7월 제4차 러·일비밀협약으로
일본의 무기원조를 대가로
송가강 이남의 동중철도 지선을 할양받았다
이때 러시아는 중국의 참전문제를 제기했으나
일본의 반대로 무산되었다
1917년 중국에는 새로운 국면을 맞았다
중국 남쪽에는 전쟁으로 인해
열강의 정치적·경제적 압력이 해이해지자
자주적 산업발전을 위한 중립정책이 제창됐고
또 하나는 북양군벌에 기초를 둔 북경의 중앙정부는
혁명의 위험과 재정적 위기를 해소하기 위해
참전대가로 차관을 얻으려했다
1917년 2월 미국이 중국에 대해
독일과의 단교를 권고하자
단기서 북경정부는 재빨리 참전을 들고 나왔다
중국정부는 연합국에 대해
배상금의 지불 연기와 관세의 인상 등을

참전 대가로 교섭하기 시작했다
일본은 이를 반대하지 않았다
중국이 참전하더라도 중국에 대한
일본의 권익이 손상되지 않는다고 생각해서다
그리하여 중국정부는 열강의 묵인 하에
1918년 8월 14일 독일과의 전쟁을 시작
제1차 세계대전이 끝나고 승전국으로서
1919년 파리강화회의에 참석하였다
이 회의에서 중국은
미국 대통령 윌슨이 제시한 14개조 원칙에 희망을 걸면서
주권회복을 위한 5개 조건을 제시했다
① 일본에 대한 21개조의 무효
② 열강의 세력범위 철폐
③ 외국군대와 경찰의 철수
④ 민사재판권폐지·조차지반환
⑤ 관세자주권의 회복 등 5가지 였으나
중국의 요구는 묵살되었다

1919년 5·4운동

굴욕적인 소식이 5월 1일 북경에 알려지자
북경대학생을 중심으로 각 대학 3천여 명이
5월 4일 천안문광장에서 반일운동을 전개
"21개조를 취소하라!"
"매국노를 처벌하라!" 등의 깃발을 들고
친일각료 조여림의 집을 습격하였다
6월 3일에는 전국의 시민·상인·노동자가 가세하여
반제국운동을 전개하고
16일에는 상해에서 전국적인 반제운동을 위한
'중화전국학생연합회'가 결성되자
북경정부도 조여림을 파면하고
파리강화회의 인준을 거부했다
이 시위운동은 일본 제품 불매운동으로
1년간 거국적으로 계속되었으나
군벌타도와 제국주의 열강의 축출을 목적으로 변모하였다
5·4운동의 특징은 노동자 계급이
처음으로 독자적 계급으로 정치운동에 참여한 사실이다
이후 전개되는 중국 혁명의 원동력으로
그리고 새로운 방향을 제시했다는 점에서
한 시대를 구획한 역사적 사건이었다

공산당의 성립

1917년 10월 레닌이 이끄는
소수의 볼셰비키 혁명당원이
로마노프 왕조를 무너뜨리고
세계 최초로 노동자·농민의 정권을 수립했다
볼셰비키 혁명당은 러시아 공산당으로 개칭하고
러시아사회주의 소비에트공화국(소련)을 수립하였다
밖으로는 모든 교전국에 무병합·무합병
민족자결주의 원칙에 입각하여
즉각적인 강화를 호소했다
1919년 3월에는 모스크바에서 코민테른을
창설 7월에는 카라한 선언을 발표하였다
소련은 제정러시아의 중국에 대한
일체의 침략행위를 중지하고
철도·광산·항만 등의 모든 이권을
무상으로 포기 반환하며
의화단 사건의 배상금 수령을 거부한다는 것 등이었다
1920년 제2차 코민테른 회의에서
후진민족의 자결권과 식민지·반식민지의 해방을 결의
이를 통한 세계화를 목표로 결정하였다
이 같은 배경에서 인도네시아·이란에도
공산당을 창설하였다

1921년에 터키의 케말파사에 지원을 추진
1922년에 일본에도 공산당을 창립하였다
중국은 1922년 7월 제2차 전국대회를
항주에서 개최 코민테른 가입을 결의했다
중국공산당은 마르크스-레닌주의를 기초로 한
볼셰비키당이라는 것을 분명히 하였다
기본 목적은 부르주아 민주혁명의 달성이며
그 수행방법으로 노동자·농민·소자산계급을 수용하여
통일전선을 결성하는 것이었다

중국 지식인의 방황

5·4운동 당시 중국의 지식인들과 학생들은
서구의 의회민주주의에 대한 선망과 동경을 품었다
의회민주주의의 도입과 실천만이
중국을 구원 발전시킬 유일의 제도로 생각했다
그러나 동경과 선망의 대상이었던
의회민주주의 국가에서
악랄하기 그지없는 제국주의 출현과 함께
중국에 대한 수탈·착취는 중국 지식인들에
큰 실망과 좌절을 안겨주었다
일부는 회의에 빠지고 일부는 무정부주의에 빠져
방황하고 있을 때
홀연히 러시아에서 소비에트 정권을 수립하고
중국에 대한 제국주의적 모든 기득권을 포기하고
식민지 반식민지의 해방운동을 천명하고 나왔다
볼셰비키 혁명은 지식인·학생·노동자·농민 사이에
급속도로 파급되면서 중국의 정치를 움직이는
강력한 조직으로 변모하였다

제1차 국공합작

손문은 군벌들에 의해 여러 번 실각하면서
자신의 전술과 혁명방침에 깊은 반성을 해야 했다
손문의 혁명목적은
중국의 독립과 근대화를 목적으로 하는
삼민주의(三民主義) 혁명이었다
혁명성취를 위해 국내에 봉건군벌의 타도와
제국주의 열강의 축출이 우선적이었다
그런데 민중적 기반 없이
소수의 혁명가와 지식인을 중심으로
군벌의 무력에 의존하는 혁명 수행방법이
혁명실패의 원인이었음을 깨닫게 되었다
소문은 러시아혁명 성공에 감명을 받았고
5·4운동을 통해 민중이 지닌 거대한 힘을 발견했다
1921년 코민테른 대표 마링을 만나고
1922년 요페를 보내 회견케 하여
“코민테른은 중국 민주주의 혁명을 위해
국민당을 지원한다”는
손문-요페의 공동선언을 발표했다
1924년에는 코민테른에서 파견한
보르딘의 자문을 받아 국민당 개조에 착수했다
광동에서 중국 국민당 제1차 전국대표대회를 개최하여

소련공산당을 모방한 당 조직을 개편하고
소련과 연합하는 연아(聯俄)-국민당에
중국공산당의 개인적 가입을 허락하는
용공노동자·농민을 지지하는 농공부조(農工扶助)의
3대정책을 결정
빈제(反帝)·반봉건(反封建) 투쟁을 강령으로 채택하고
삼민주의를 당 이념으로 확인했다
이어서 중앙집행위원회를 설립
일체의 당무를 장악케 하고
24명의 중앙위원을 선정하였다
그중에는 이대소·담평산·우덕수·모택동 등
7명의 공산당원이 포함되었다
6월에는 소련의 자금과 무기를 바탕으로
광주 교외에서 황포군관학교를 설립했다
교장은 소련 적군의 조직과 훈련을 시찰하고 돌아온
장개석을 임명하였다
정치부 주임으로 주은래가 취임하고
소련에서는 갈렌을 중심으로 군사고문단이 도착
군사훈련을 담당하였다
이게 제1차 국공합작(國共合作)이다
국공합작으로 세력을 확장한 손문은 1925년
북경정부의 요구로 북경정부 임시집정
단기서(段祺瑞)와 국민회의 소집문제로 북경에 갔다가
3월 12일 59세의 나이로 사망했다

장개석의 대두

손문 사망 후 구심점을 잃은 국민당은 내분이 발생
공산당과의 합작을 반대했던 사람들은
손문 생전에 국민당지도구락부를 결성
공산당 배척을 선언했다
이들이 국민당 우파였다
공산당 국공합작 목적은
공산주의 선전을 위함이었으므로
좌·우파의 대립은 첨예화될 수밖에 없었다
이때 황포군관학교 교장 장개석(蔣介石)은
군권을 배경으로 기반을 구축하기 시작
제2차 전당대회에서 왕조명에 다음가는 표를 얻어
중앙집행위원에 선출되었고
이어 국민혁명군 총독에 임명 군사권을 장악했다
좌파들은 이를 분쇄하려고 하다가 장개석의 역습으로
군대 내에서 공산당이 일소당하는 패배를 자초했다
1926년 5월에는 제2회 중앙위원회에서 당무정리안을 제출
공산당의 당 중앙간부직 임명을 봉쇄하고
장개석은 완전한 실권을 장악
분열과 대립 속에 북벌준비를 완료
1926년 6월 북벌군 총사령관이 되었다

장개석의 반공 쿠데타 성공 후 중국정세는 크게 변하여
북방의 직례군벌은 약화되고
북경에서 소련대사관을 습격
이대소를 처형한 봉천군벌이 최대 군벌이 되었다
산서군벌 염석산은 장개석과 타협했다
제국주의 열강도 타협함으로써 군벌의 세력을
흡수한 장개석은 최고의 실력자가 되어
1927년 4월 28일 남경에 국민당 정부를 수립했다
국민당 정부를 수립하면서
무한정부(茂漢政府)와 대립하였는데
이게 영한분열(寧漢分裂)이다
무한정부 내의 국민당 좌파와 공산당과의 합작은
허물어지기 시작했다
무한정부는 열세를 만회하기 위해 토지혁명 정책을 강행
호남·호북 혁명군 장령들의 동요와 반발을 초래
왕조명 등 국민당 좌파들은 고문
보르딘을 소련으로 추방하고
남경정부와 손을 잡으려하자
1928년 7월 공산당은 무한정부를 이탈했다
4년 간의 제1차 국공합작은 끝장났다

중국통일

1928년 9월 무한정부와 남경정부가
통일정부를 수립하면서
장개석은 국민혁명군 총사령관으로 복직
중앙정치회의 주석에 취임하고
이어서 북벌을 재개했다
제1군은 장개석이 직접 지휘하고
제2군은 마왕조
제3군은 염석산
제4군은 이종인이 지휘했다
양자강 이북의 북양군벌들은 북벌군에 계속 패하자
황하 이북으로 쫓겨 가고
북경에는 봉천파의 장작림이 여타의 잔존 세력을 규합해
안국 총사령관이란 이름으로 북경을 사수하려다가
장개석 북벌군의 총공세로 북경을 빼앗겼다

북경을 점령한 장개석은
북경 교외의 서산 백운사에 안치되어 있는 손문 영전에
북벌의 성공을 보고했다
북벌군의 공격으로 퇴각하던 장작림은
장개석의 동북3성으로의 진입을 우려한

일본 다나카 내각의 음모로
봉천으로 가는 열차에서 일본군에 의해 폭사당했다
장작림의 뒤를 이어 봉천군벌이 된 장작량이
일본의 유혹과 협박을 무시하고
남경정부에 충성을 맹세함으로써
중국은 장개석 영도하에 통일을 달성했다
1928년 10월의 일이다
이렇듯 어려운 시기에 한국의 비행사 안창남은
제3군 염석산의 막료가 되었다가 거기서 산화했다

만주국의 성립

1931년 3월 경남 합천에서
전두환 대통령이 태어나던 해
9월 18일 오후 10시 봉천 북쪽 유조구 근방의
만철선이 폭파됐다
장작량의 군 병영과 가까운 곳으로
폭파사건과 동시에 일본군 수비대를 비상소집
즉각 행동을 개시하여
19일 아침에는 장작량군을 소탕하고
봉천을 거의 다 점령했다
하룻밤 사이에 봉천을 점령한 일본 관동군은
다시 하루 만에 요령·길림성의 30개 도시를 점령하고
노태우 대통령이 태어나던 1932년 2월에는
만주 전역을 점령하였다
만주전역을 제압한 일본은
사후수습 문제는 처음부터 세우지 못했다
사건 이후 논의 끝에
청나라 선통제(宣統帝: 1908-1912)를 끌어다가
만주라는 나라를 새로 만드는 방향으로 가닥을 잡았다

선통제 부의(溥儀)는 3세에 황제가 되어
6세 때 퇴위한 청나라 마지막 황제였다

부의는 퇴위 후에도 황제의 칭호를 유지하며
자금성에 살고 있었다
1924년 자금성에서 쫓겨난 부의는
천진의 일본조계(日本租界)에서 살다가
일본의 유혹으로 1931년 천진을 탈출해 만주로 갔다
1932년 말 관동군의 연출에 의해
동북(東北·滿洲)의 독립과
부의를 집정으로 할 것을 결의했다
원래 동북지방에는 장개석의 남경정부에 반대하는 무리와
장작량에 반대하는 무리
청조의 부흥을 원하는 무리가 살고 있었다
이들의 세력을 모아 부의를 추대하는 형식을 취한 것이다
1932년 3월 1일 만주국 건국선언을 발표하고
3월 8일 드디어 일본국 괴뢰국가가 탄생했다
1934년 3월 다시 제정(帝政)을 선포
집정 부의는 황제(皇帝: 1934-1945)가 됐다
만주국은 각성의 대신들을 모두
동북지방의 군벌이나 유력자들을 끌어 모아 앉혔지만
모든 실권은 일본인 차관들이 쥐고 있었다

중국의 내전

1927년 제1차 국공합작이 깨지고
중국공산당은 화남 지방에 그 세력을 부식
1931년 강서성 서금(瑞金)에
모택동(毛澤東)을 주석으로 중화소비에트
임시정부가 탄생하였다
장개석의 국민당은
이미 화북에 다가오는 일본의 침략보다는
화남에서 공산당 세력이 증대하는 것을 경계하여
일본에 대해서는 가능하면 타협정책으로 나간 반면
공산군을 분쇄하는 데 주력하고 있었다

1933년 10월 장개석은 제5차 공산당토벌전을 전개
강서의 중앙소비에트구를 포위했다
철조망으로 포위당한 소비에트구는 완전 고립상태에 빠져
국민에게 소금을 공급하기도 어려웠다
전멸위기를 극복하기 위해서는 포위망을 탈출
거점을 이동할 수밖에 없었다
1934년 10월 16일 약 9만의 홍군(紅軍) 주력은
어둠을 틈타 봉쇄선을 돌파하고
이른바 대장정(大長征)의 길에 올랐다

1년에 걸쳐 계속된 12,000km나 되는 먼 길을
깊은 강을 건너고 험준한 산을 넘어
뒤에서는 백군(白軍)의 추격을 받고
앞으로는 각지의 지방군과 싸워 길을 개척하면서
광동·호남·광서·귀주·운남·서강·사천·감숙을 지나
1935년 10월 드디어 섬서성에 도착했다
도정이 끝났을 때 9만의 군대가 2만이었다
그럼에도 중국의 서북부에 새로운 소비에트구를
설치하는 데 성공했다
이를 연안정부라고 하였다

중·일전쟁 15년

1931년 만주 전역을 점령한 일본 관동군은
화북(華北)으로 촉수를 뻗어
화북 분리공작을 전개하여
1937년 7월 7일 노교구 사건을 계기로
전면전으로 돌입했다
야간전투훈련을 실시하던 일본 북지파견군의 부대가
중국군의 사격을 받은 사건이다
동경에서는 같은 날
화북의 일본거류민단을 보호하기 위해
증파할 필요가 있다는 출병제안을 각의에서 통과시켰다
이는 중국 측을 자극 남경의 장개석군을 동원 북상시키고
17일에는 저 유명한 생사관두(生死關頭)의 연설을 통해
그 자신 항일태세의 선두에 나갈 결심을 표시했다
7월 8일 중국 공산당도
'일본 노교구 진공에 관한 선언'을
발표하고 민족항전을 호소했다
7월 28일 북지 주둔일본군은
중국군에 대해 총공격을 개시하고
8월 13일에는 상해에서도
교전상태에 돌입 전 중국 대륙에 확전되었다

제2차 국공합작

중국 공산당은 대장정(大長征)의 과정에서
중요한 방침을 세웠다
일본군과 장개석군을 동시에 대항하던 종전의 방침으로는
공산당의 빈약한 군사력으로는 불가능한 일이었다
대륙전체에서 일어난 배일운동의 물결에 따라
장개석과의 투쟁을 중지하고
일본에 대한 항전을 전면에 내세운 것이다
1936년 5월 5일 국민당에 대해
'일본에 항전하기 위해 손을 잡자'는 전문을 보냈으나
장개석 측에서 받아들이지 않았다
일본침략에 대비하기 위해서는
먼저 내부를 안정시켜야 한다는 방침을 고집했다

그런데 장개석의 완고한 태도에 어쩔 수 없게 한
서안사건(西安事件)이 발생했다
1936년 12월 초 장개석은
공산당 토벌작전에 종사하던
장학량과 양호성의 군대를 독려차 비행기를 타고
중국의 고도 서안으로 갔다
통일전선을 결성하자는 공산당 호소에

귀를 귀울이던 장학량은 불현듯 장개석을 감금하고
모택동 진영에 비행기를 파견해 연락했다
연안정부에서는 주은래를 이 비행기에 태워 보내
사건을 수습토록 하였다
장개석은 설득을 받아들여
① 내전의 정지
② 항일투쟁의 실시
③ 정치범의 석방을 약속하고
남경으로 돌아와 1937년 노교구 사건을 기점으로
일본의 전면적인 침략이 시작되자
9월 22일에는 국민당과 공산당 사이에
합작에 관한 협약을 맺었다
홍군(紅軍)을 팔로군(八路軍)으로 바꾸고
국민정부의 지휘 밑에 편입하여
일본군과의 전투를 시작했다

남경대학살

1933년 5월 중·일간에 당고정전협정(塘古停戰協定)을 체결하였다

이 당고협정은

① 일본군의 화북에서 만리장성까지 철수

② 중국군의 서남부 철수

③ 북경·천진 간의 비무장화가 주된 내용으로

이는 중국이 일본의 만주장악을 사실상 승인한 것이었다

이와 같이 만주 장악을 공고히한 일본은

다시 화북지방으로 손을 뻗치기 시작했다

1935년에는 당고협정에서 정해진

비무장지대에서 반일테러사건이 발생하였다

일본은 이 사건을 화북침략의 구실로 이용하였다

먼저 외교적 공세를 취했다

일본 외상 히로다(廣田)는 일화친선(日華親善)을 제창하여

① 일화경제제휴

② 공산당에 대한 공동방어

③ 만주국 승인의 소위 히로다 3원칙을 제시하고

선린정책을 표방했다

그런 이면에는 화북침공의 계획이 면밀히 진행되고

있었으므로

일본관동군의 화북침입이 시작되었다

1937년 7월 7일 북경 서남의 노교구 부근에서

훈련을 실시하고 있던 일본군은

사병의 실종을 이유로 중국군을 공격하고

만주국으로부터 대규모로 파병된 일본군은

북경·천진을 포함한 넓은 지역을 점령하였다

남쪽 항주만(抗州灣)에 상륙한 부대는 남경(南京)을 점령하고

살인·강간·약탈·방화를 자행하였는데 이

것이 남경대학살(南京大虐殺)이다

이 대학살에서 일본군이 자행한 30여 만 명의 양민학살은

인류역사에서 찾아볼 수 없는 전대미문의

비문명적 비인류적 대학살이라고 했다

이어서 일본군은 무한(武漢)과 광동(廣東)을 공략하여 점령하였다

일본은 처음부터 단기전을 구상하였으므로

이같이 중국의 전략지역을 점령한 후에

주중 독일대사 트라우트만을 동해서 휴진교섭을 제의하였다

이와 같이 국민당 정부가 일본의 노골적인

중국의 분할정책의 추진에도 불구하고

타협과 양보만을 하였던 것은

당시 협서(俠西)지구에 근거하고 있던

공산당의 잠재적 위협을 깊이 인식하고
공비토벌의 정책을 우선적으로 추진하였기 때문이었다

국공내전

1945년 제2차 세계대전의 종결과 함께
중·일전쟁은 끝났다
연합군 측에 가담했던 중국은 승전국으로서
일본의 항복을 받아냈다
중국의 승전은 값비싼 것이었다
8년 항전 중 중국군 전사자 103만 명
민간 희생자 1천만 명 이상이고
경제적 손실은 5백억 달러가 넘었다
일본이 항복하던 날 모두가 환호했으나
중국은 축하할 사이가 없었다
곧 국공내전(國共內戰)에 휘말려 들어갔기 때문이다

대만으로 간 장개석

내란이 일어난 지 1년 6개월여 동안
인민해방군은 전 동북지역과
대부분의 화북지역을 장악하였다
전세가 불리해지자 장개석은
서구열강에 원조를 호소하고
공산당에 화의를 제의하였다
그러나 미국·영국 등을 포함한 연합국은
아무런 반응을 보이지 않았다
또 공산당으로부터도 반응이 없었다
1949년 1월 21일 장개석은 총통자리에서 물러나고
이종인(李宗仁)이 총통대리로 취임하고
다시 공산당에 회의를 제의하였다
국공화평교섭이 시작됐다
그러나 공산당은 장개석을 포함하는
전범의 인도와 위헌법의 폐지 등을 포함한
무조건 항복을 요구하는 '국내평화협정초안'을 제시했고
국민당군은 이를 즉각 거부해
국공화의는 결렬되었다
이에 인민해방군은 1949년 4월 2일
일제히 양자강을 도하하기 시작했다
4월 3일 국민당군의 수도 남경이 함락되고

5월 23일에는 항주·남창이 27일에는
최대도시 상해가 함락되었고
1949년 말까지 중국 전부를 평정하였다

장개석은 1949년 8월 1일 추종잔존세력
50만 명 피란민 200만 명을 이끌고
대만으로 도피하여 대북을 수도로 정했다

중화인민공화국 수립

4년여에 걸친 국공간에 내전이
중국공산당의 승리로 끝났다
이로써 대만·금문도·대진도를 제외한
전 중국이 통일되었다
1949년 10월 1일
중화인민공화국(中華人民共和國)이 수립되었다
주석 모택동
부주석 주덕·유소기·송경령·이제심·장연·고장 등
6명이 선임되었다
주은래·이삼립··임조함 등을 포함한
56명의 정부위원이 선출되었다
그리고 북평(北平)을 북경(北京)으로 개칭하여 수도로 정하고
오성홍기(五星紅旗-중국공산당·노동자·농민·소자본가·민족자본가를 상징)를 국기(國旗)로
의용군행진곡을 국가(國歌)로 정하였다
10월 1일에는 30만 군중이 운집한 북경의 천안문광장에서
중화인민공화국 수립을 정식으로 내외에 선포하였다

제3장
20세기 독재자 8명

치매노인의 망상

치매노인은 3가지 망상에 시달린다고
누군가 내 물건을 훔친다는 착각
배우자가 부정(不貞)을 저지른다는 오해
가족이 자기를 팽개쳤다는 버림 망상
지금 우리나라 요양병원 1,657곳에 있는 치매환자들은
배우자와 자식에게 고려장(高麗葬)을 당했다는
망상에 고통받는다는
정지향 이대서울병원 신경과 교수의 설명이다

백신 1호 접종 논쟁

백신은 의학·사회학·정치학이 결합한
의·사·정 복합체다
그래서 백신접종은 사회·정치적 이슈다
백신개발은 의학에 기대고 있지만
접종은 사회적 동의를 전제로 한다
구성원 모두가 백신을 접종해야
집단면역을 형성할 수 있어서다
개발만큼이나 접종이 중요한 이유다
이를 위해 각국 대통령이나 보건 정책
책임자가 1호 접종자로 나섰다
조바이든 미국 대통령이 2020년 12월
당선자 신분으로 코로나19 백신 접종을 생중계한 건
자국 내 안티백신운동을 의식했기 때문이다
프랑스·이스라엘·인도네시아도
대통령이나 보건 정책 책임자가 1호 접종자로 나섰다
문재인 대통령이 백신을 먼저 맞아야
불신을 없앨 수 있다는 목소리가 나왔지만
그는 외면했다

코로나 우울증

보건복지부에 따르면 2020년 1월부터
2021년 2월 18일까지
코로나19 통합심리지원단에서 이뤄진
심리상담은 1,361,403건
지난해 정부에 등록된 자살 고위험군도
19,471명으로 2019년보다 13.4% 늘었다
전문가들은 코로나19 2년차인 올해
사회 곳곳에서 코로나 우울(코로나 블루)
피해가 커질 것으로 보고 있다
정부가 제때 적극적으로 대응하지 않으면
코로나 종식 후에도 후유증이 남을
것으로 우려하고 있다

전국 동시다발 산불

2021년 2월 21일 경북 안동과 예천
경남 하동·충북 영동 등
전국 곳곳에서 산불이 발생했다
인근지역에는 주민 대피령이 내려졌다
산림·소방당국은 소방헬기 등을 동원
산불 진화에 나섰지만
강한 바람 탓에 밤늦게까지 불길이 잡히지 않고 있다
산림청은 산불 위기경보를 '심각'단계로 격상했으며
행안부도 대책지원본부를 가동 중이다
정세균 국무총리는 "산불이 강풍으로 인해
빠르게 확산하는 만큼 인명피해가 발생하지 않게
주민대피에 만전을 다하라"고 했다

코로나19 사망자

2021년 2월 22일 현재 코로나19
사망자 수가 집계됐다
미국 511,147명
멕시코 180,107명
인도 156,418명
영국 120,580명 순으로
한국의 사망자는 1,573명이다
뉴욕타임스는
"미국은 제1,2차세계대전과 베트남전쟁 전사자를 합친
579,000명과 비슷한 코로나19 사망자를 냈다"고 했다
제1차 세계대전 미군 사망자 116,000명
제2차 세계대전 405,000명
베트남전쟁 58,000명 합계 579,000명이다
따라서 코로나19 사망자는
1865년 남북전쟁 때 사망한 750,000명을 제외하면
그 어떤 전쟁보다 많은 인명피해라고 한다

신현수 파동

법무부가 2월 22일 단행한 검찰 인사에서
이성윤 서울중앙지검장에게 반기를 든
변필건 서울중앙지검 형사1부장과
월성1호기 조기 폐쇄의혹 등
주요 사건 수사팀을 모두 유임시켰다
윤석열 검찰총장의 의견이 상당부분 반영된 결과다
인사의 흐름이 바뀌는 때
결정적 역할을 한 것으로 평가받는
신현수 청와대 민정수석은 이날 사실상
사의를 철회하고 청와대로 복귀했다
사태가 장기화될 때 대통령의 리더십과
국정동력까지 심하게 흔들릴 수 있는 파국은 피했지만
신현수 파동의 상처는 다 가시지 않았다
민정수석이 박범계 법무부장관과 공개적으로 충돌하고
청와대 참모가 인사 소외 문제로
물러나겠다고 한 일은 일찍이 없었다
문 대통령의 거듭된 사표 반려에도
사의를 굽히지 않아 신 수석의 복귀는
전날까지도 회의적인 시선이 많았다

거짓의 명수라고 야유하는 김명수 대법원장

같은 사람들이 넘쳐나는 문재인 정부에
신현수 대통령민정수석비서관의 등장은
참신할 뿐 아니라 문 정권 출범이후 하루가
멀다 하고 드러나는 대통령의 불통과 유체이탈 화법
각료의 무능과 남 탓
여권인사의 위선과 내로남불
관료의 영혼 가출은 전에 없던
실존적 고민까지 하게했다
과연 인간이란? 인간성이란 무엇인가?
그런 정권에도 신현수 같은 이가 있다는 것
자체가 우리에게 일말의 희망을 준다고 한
동아일보 박제균 칼럼의 지적이었다
그가 청와대로 복귀하던 안 하든
고위 공직자의 소신 행보를 본 지가 너무 오래 됐다
정권보다 국민을 섬겨야 하는 공복으로서
지극히 정상적이고 상식적인 행동도
어느덧 '집 지키는 개'로 전락한
문재인 정권 공직사회에서는
희한한 일이 돼버렸다고도 했다

미얀마 22222혁명

2021년 2월 22일 미얀마 전역에서
"미얀마 22222 혁명"이 일어났다
이 날짜인 2가 5번 들어가는 '2'를
파이부 투(22222)로 명명했다
1988년 8월 8일의 대규모 반정부 시위를
'8888항쟁'으로 했던 것에서 유래했다
수도 네피도를 비롯해 최대 도시 양곤
제2대도시 만달레이 등 전국 곳곳에서
청소년·여성·의료진·자영업자 등이 거리로
몰려나와 군부를 규탄했다
쿠데타 초기부터 의료진을 중심으로 구성된
'시민불복종운동'은 모든 업계 종사자가 참여하는
총파업을 촉구해왔다
시민들은 '봄의 혁명'으로도 불린다고
군부가 강제로 가져간 권력을 봄에 다시
시민들이 민주적으로 되찾겠다는 의미라고 했다

잿빛 하늘

창밖이 뿌옇다
해가 떴지만 세상이 흐릿하다
눈을 닦고 보아도
안경을 쓰고 보아도 그렇다
저쪽에서는
아스트라제네카 백신 주사
1호가 누구냐
대통령이냐 아니냐 옥신각신
그냥 넘어가는 게 없다
제대로 하는 것도 없으면서

허 참~

기가 차거나 기막힐 때 터져 나오는 탄식
"허 참~" 이 소리가 자주 들린다고
조국 법무부장관 일가 수사를 기점으로
울산시장 선거개입
월성 원전사건 수사에까지 이르며
현 정권과 척을 지고
적대적 참모들에 포위된
사면초가 윤석열 검찰총장이 한동안 입에 달고 살았다
재임 1년간 사사건건 사생결단으로 윤 총장과 대립했던
추미애 법무부장관이 물러나고
박범계 법무부장관이 부임했지만
그 소리는 그치지 않는다고
여기에다가 '윤석열 출마 방지법'에 대해
법무부가 "입법취지에 공감한다"는
의견을 국회에 제출했다
"허 참~"

가덕도에 간 문 대통령

문재인 대통령이 2월 25일 부산을 찾았다
4·7보선을 41일 남겨두고서다
여당 지도부와 경제부총리 등 핵심 인사
지역단체장가지 총출동했다
가덕도 신공항 부지는 물론 부전역과
부산 신항까지 둘러봤다
규모·동선에서 선례를 찾기 힘든 매머드급 행사였다
야당은 "노골적인 선거 개입"이라며 강하게 반발했다
전 국민 재난지원금에 이은
문 대통령의 부산행을 두고
국민의힘 주호영 원내대표는
"정권 차원의 명백한 불법 선거 개입"이라며
"선거질서를 훼손하는 대통령의 노골적인 선거 개입은
탄핵사유에 해당한다"고 경고했다

백신 1호 접종자

2021년 2월 26일부터 코로나19 백신
접종이 시작됐지만 정부가 지정한
'1호 접종자'는 없었다
질병관리청은 "26일 오전 9시 전국에서
동시에 접종을 하는 요양병원과 요양시설
내 65세 미만인 사람들이 모두 첫 번째
접종자가 된다"고 말했다
코로나19 백신 접종이 시작되면서 전 세계
주요국은 대부분 1호 접종자를 지정하고
접종장면을 언론에 공개했다
정부가 백신 1호 접종자를 지정하지 않은 것에 대해
일각에선 최근 정치권의 '문재인 대통령 1호 접종'
논란을 의식했다는 지적이 나온다
백신 불신을 줄일 수 있는 좋은 기회를
문재인 대통령은 실기하고 말았다

독재자가 되는 법

2021년 2월 27일 경향신문 '책과 삶'에
소개된 프랑크 디쾨터 지음·고기탁 옮김
책 이름이 『독재자가 되는 법』이다
"독재자들이란 원래 나약한 존재였다
그들이 강했더라면 굳이 독재자가 될 필요 없이
다수의 선택을 받아 지도자로 선출되었을 것이다"로 시작했다
무자비한 지도자들도 시작은 미약했다
이탈리아 무솔리니는
여러 파시스트 지도자 중 한 사람에 불과했다
소련의 스탈린은 트로츠키에 비하면
명함도 못 내밀 수준이었다
중국의 마오쩌둥은 1930년대 자신보다
강력한 정적들에 의해 수시로 직위에서 해임됐다
북한의 김일성은 소련에 의해
북한인민들이 마지못해 받아들인 지도자였고
자신보다 훨씬 경력을 쌓은
공산주의 지도자들에게 둘러싸여 있었다
그들은 수많은 반대자의 시체를 밟고 넘어야 했다
하지만 그런 식으로 권력을 잡았다는 것은
다른 이들도 얼마든지 그럴 수 있다는 의미다

무엇이 그들의 권력을 유지시켰는가?

『독재자가 되는 법』은 20세기 대표적인 독재자 8명의
흥망성쇠를 '개인숭배'의 관점에서 조명한다
중국현대사 권위자인 프랑크 디쾨터는
"살아남은 독재자들"이
두 개의 권력수단에 의존했다고 말한다
'숭배'와 '공포'다
공포는 쉬이 납득되지만 숭배는 의아하다
보통 우스꽝스러운 일탈 행동이나
혐오감을 주는 부차적인 문제로 취급되기 때문이다
하지만 디쾨터는 개인숭배가
독재정치를 떠받치는 핵심 기둥이라고 강조한다
국민들로부터 숭배를 이끌어낸
곧 전재정치가 합의된 것처럼 가장할 수 있던
독재자들이 정적을 물리치고
장기집권으로 나아갈 수 있었다는 것이다

20세기 현대사

디쾨터는 역사적 사건들을 차근차근 서술하면서
거기에 독재자에 대한 숭배와 그 후과를
켜켜이 쌓아간다 독재자라는 실로 꿰어낸
20세기 현대사라고도 할 수 있겠다
그가 호명하는 독재자들에게는 흐름이 있다
첫 장을 여는 무솔리니는
"겉치레와 화려한 행사"의 힘을 깨닫고
개인숭배를 이용한 독재의 서막을 열었다
히틀러는 무솔리니로부터 영감을 얻어
그보다 더한 최악의 독재자로 위력을 과시했다
히틀러와 처절한 전쟁을 벌인 스탈린은
끊임없는 숙청을 통해 공산주의 독재의 길을 열었으며
마오쩌둥은 절대권력을 남용해
'대약진운동'과 '문화대혁명'이라는 참극을 낳기도 했다
공산주의 지도자들에게서 영감을 얻은 김일성을 비롯해
뒤발리에·차우세스쿠·맹기스투 등
냉전시대 주변부로 독재의 기술은 전파됐다
개인숭배는 1956년 니키타 흐루시초프가
스탈린의 공포정치를 조목조목 비난하면서
등장한 말이라고 한다
겨우 잡은 권력을 놓지 않기 위해

독재자는'피비린내 나는 숙청' '교묘한 속임수'
'각개 격파'로 정적들을 물리쳤다
하지만 결국에는 개인숭배가 가장 효과적이었다
개인숭배는 측근과 경쟁자를 똑같이 약화시킨다
다른 사람들 앞에서 독재자를 칭송하게 강요함으로써
모두를 거짓말쟁이로 만들기 때문이다
"모두가 거짓을 말하면
누가 거짓말을 하는지 알 수 없기 때문에
공모자를 찾아서
쿠데타를 일으키기가 더욱 어려워졌을 터였다"
디쾨터는 중화인민공화국 수립으로부터
대약진운동과 문화대혁명에 이르는
'인민 3부작'으로 한국에도 잘 알려진 학자다
이번 책에서는 스탈린으로부터 마오쩌둥 그리고
김일성으로 이어가는 흐름이 인상적이라 했다
특히 한국 독자들은
김일성에게 눈길이 머물 것 같다고도 했다

김일성의 독재

북한의 정치체제는 문화인류학 관점에서
'극장국가'로 분석되기도 했다
세계적으로도 유례가 없는
세습독재 체제에 대한 설명이 그것이라면
이 책에선 세계사 속에서 좌표를 그려보게 한다
독재자 김일성이 처음으로 모습을 드러낸 것은
1945년 10월 14일 평양에서 열린 대중 연설이었다
양옆에 소련 장교들이 서 있었다
사람들은 그의 이름에서 10년 전 만주를 호령하며
왜적을 괴롭힌 전설적 유격대원이자 애국자를 떠올렸다
하지만 연단 위 김일성은 나이가 33세에 불과했고
긴장해서 연설문을 움켜쥔 모습도 미숙해 보였다
당시 한 목격자의 증언에 따르면
그는 머리를 짧게 깎고 통통한 체격에 비해
너무 작은 파란색 정장을 입은
'중국집 배달원'처럼 보였다
소련이 내세운 꼭두각시라는 소문이
군중을 휩쓸고 지나갔다
하지만 김일성은 소련의 인정을 받은 덕분에
빠르게 권력을 장악할 수 있었다
1946년 8월 북조선 노동당 창당 대회에서

'모든 인민의 지도자'로 칭송했다
러시아 '콤소몰스카야 프라우다' 기사를 번역한
짧은 일대기에서
김일성의 초자연적인 능력들이 반복해서 언급됐다
그가 하늘을 날고 산을 뚫고 나아갈 수도 있어서
일본군에게 잡히지 않았다는 것이다
특히 보천보전투는 "한국의 마야콥스키"로 불렸던
시인 조기천의 장편 서사시 『백두산』을 통해
전설적인 지위로 격상했다
1948년 9월 9일 조선민주주의인민공화국이 선포되면서
김일성은 스탈린을 지칭하는 '보즈드'와 비슷한 의미의
'수령'이라는 칭호를 얻었다
김일성은 전쟁의 참패도 박헌영 등
당내 경쟁자들을 제거하는 계기로 삼았다
수없이 많은 노동자와 농민 앞에 모습을 드러내며
자신을 위대한 지도자로 만들어갔다
하지만 빛나는 선전의 이면에서
개인숭배는 두려움을 동반했다
김일성 사진이 실린 신문으로 책을 쌌다는 이유로
누군가는 5년의 징역형을 선고받았고
포스터를 수정했다는 이유로
강제노동수용소로 보내지기도 했다
자신의 권력을 뒷받침할 이념까지 만들었으니
그것이 '주체사상(主體思想)'이었다
운명의 주인은 인민자신이며 자립적이 됨으로써

진정한 사회주의를 달성할 수 있다는 것이었다
물질적인 요소가 역사 변화의 주된 힘이라고 주장하는
마르크스·레닌주의와는 전혀 달랐다
개인숭배는 심지어 김일성 가족에게로 확대되었다
후계자 김정일 역시
아버지에 대한 충성심을 증명하기 위해
1982년 그의 70번째 생일을 맞아
높이 170m의 화강암으로 된 거대한 탑을 세웠고
평양 개선문의 25,550개 화강암 벽돌은
그의 생애 하루하루를 의미했다
위대한 지도자는 1994년 7월 8일 심장마비로 사망했다
"온 국민이 통곡했다
물론 누가 진심이고 아닌지는 알 수 없었다"
김일성의 거대 동상이 있는 만수대에 모인 조문객들은
서로 경쟁하듯 비통함을 쏟아냈다
자신의 머리를 때리거나 졸도하듯 쓰러지거나
입고 있는 옷을 찢거나 하늘을 향해 주먹질을 했다
'열흘의 애도기간이 선포되자
비밀경찰은 주민들을 감시했고
그들의 표정과 목소리를 관찰하면서
진정성을 판단하려 했다
다섯 살짜리 한 여자아이는 우는 것처럼 보이기 위해
손에 침을 뱉은 뒤 얼굴에 묻혀서
눈물을 대신하기도 했다"
독재자의 개인숭배는 대체로 비슷한 경로를 따른다

우선 언론을 장악했다
무솔리니는 반대목소리를 내는 신문사들의
인쇄기부터 파괴했다
호의적인 언론에는 자금을 주고
검열과 보도통제를 강화해 반정부 언론을 무력화했다
이 과정은 히틀러나
다른 공산권 전체주의 국가도 비슷했다
다음으로 예술가와 지식인들이
영웅신화에 생명력을 불어넣도록 했다

푸에블로호 배상판결

김신조 일당이 청와대를 습격한
1968년 1·21사태 이틀 뒤 발생한 푸에블로호 사건은
냉전시대 미국의 최악의 굴욕사건이었다
미국 워싱턴 연방법원이 2월 24일
1968년 북한에 나포됐던 미 해군 정보수집함
푸에블로호 승조원과 가족 약 170명에게
북한이 23억 달러(2조5800억 원)를 배상하라 판결했다
북한 관련 배상액 중 역대 최대 규모다
이전 최고 금액은 북한에 억류됐다가 풀려난 뒤
2017년 숨진 미국 대학생
오토 웜비어 사건의 5억113만 달러다
웜비어 사망 사건처럼 앞으로
미국과 해외의 북한 자산을 압류해
배상액을 확보하려는 움직임도 본격화될 전망이어서
돌파구가 안 보이는 북·미간 장기 교착상태에
악재가 또 하나 늘었다

김정은 위인전

북한이 김정은 국무위원장 집권 10년을 맞아
그를 칭송하는 '김정은 위인전'을 공개했다
2018년 싱가포르 북·미정상회담에 대해
"21세기 역사의 시계가
명실공히 조선을 축으로 줄기차게 돌아간다"고 했지만
문재인 대통령에 대한 언급은 없었다
문 대통령의 실명은
김 위원장의 "파격적 면모가 극적으로 드러난 때는
사전계획에도 없었던 문재인 대통령을 이끌고
북측 땅으로 넘어서는 장면이었다"는
한 대목에만 등장했다

4차 재난지원금

더불어민주당·정부·청와대가
① 법인택시 기사
② 노점상
③ 부모가 폐업하거나 실직한 대학생
④ 프리랜서
⑤ 특수고용형태
⑥ 돌봄 서비스 종사자 등 200만 명 가량을
4차 재난지원금 지급대상자에 새로 포함시키기로
2월 28일 최종결정했다
정세균 국무총리는
"이번 추경은 이낙연표 추경"이라며
"정말 큰 열정으로 푸시해 주셔서
우리 정부가 합의했다"고 말했다

가덕도신공항특별법

가덕도 신공항은
지난 10여 년 간 거듭 확인된 과학적 검증은
짓기도·유지하기도 어렵다는 사실이었다
수심이 깊어 공사비가 많이 들고
태풍이 지나가는 길목이라
항공기 이착륙 등 안전성 문제가 있다는 지적에도
"노무현의 꿈"이라는 '신화'를 만든 좌파의 선동과
"당장 표가 급하다"는 우파의 부하뇌동이
역사의 뒤안길로 사라졌던 가덕도를 다시 부활시켰다
가덕도신공항특별법이 통과되면서다
성추행으로 물러난 오거돈 부산시장의 뒤를 이을
1년짜리 4·7보궐선거가 그렇게 유도했다
문재인 대통령이 2월 25일 법안통과 전날
가덕도에 내려가 "가슴이 뛴다"며
국토부장관에 "의지를 가져라"고 질책했다
민주주의가 이런 건가요?

과거에 발목 잡힌 한국

문재인 대통령이 3·1절 기념사에서
“과거에 발목 잡혀 있을 수는 없다”며
미래지향적 한·일 협력을 강조했다
그러나 실천이 뒤따르지 않는 ‘협력’이란
말은 써준 원고를 읽는 효과 이상을
기대하기는 어렵다
요즘 한·일 외교가에서 벌어진 희비극은
최악의 양국 상황을 적나라하게 보여주고 있다
얼마 전 도쿄·서울에 각각 부임한
강창일·아이보시 고이치 신임대사 모두
상대국 수상은커녕 외교수장조차 못 만나고
있는 게 현실이다
자연현상도 이를 알고 있는가
3월 1일 강원도에는 최대 55cm 가량의 적설량을 기록
고속도로와 주요 국도에 극심한 정체현상이 빚어지고
전국에는 하루 종일 비가 내렸다

거여의 입법독주

거대 여당의 입법 독주에 정부의 기능과
역할이 사라지고 있다
자영업손실보상법 등 정부가 반대하는 정책을
정치권이 입법을 통해 강행처리하는 일이
비일비재하게 발생하고 있어서다
국민의힘이 정부·여당의
4차재난지원금 지급 방안에 대해
'문재인식 포퓰리즘 완성단계'라고 공세를 퍼부었다
국민의힘 주호영 원내대표는
"3차지원금이 다 집행되지도 않았는데
선거를 코앞에 두고
4차지원금 20조원을 더 풀겠다고 한다"며
"선거 때 일반 국민은 10만 원만 돈을 나눠줘도 구속되는데
대통령은 선거를 앞두고 국채를 발행해
나랏돈을 20조원씩 돌려도 괜찮은 건가"라고 비판했다

제4장
좀스런 대통령

윤석열 사퇴

2021년 3월 4일 윤석열 검찰총장이
중대범죄수사청(중수청) 입법 움직임에 반대하며
임기만료 142일을 남겨놓고 결국 중도 사퇴했다
문 대통령은 1시간 15분 만에 수리했다
약 45분 뒤에 문 대통령이
지난달 검사장급 이상 검찰 고위 간부 인사에
반발해 사의를 표명한 검사출신의
신현수 대통령민정수석비서관의 사의를 수용함으로써
윤 총장과 박범계 법무부장관 간 중계역할을 하려던
신현수 수석이 취임 2개월 만에
윤석열 총장과 같은 날 물러난 것이다
문 대통령은 '민주사회를 위한 변호사 모임' 부회장 출신의
김진국 감사원 감사위원을 신임 민정수석비서관으로 임명했다

서울·부산시장 후보

4·7서울시장 보궐선거에 나선
국민의힘 오세훈 후보(60)가
3월 4일 여론조사에서 41.64%의 득표율로
최종후보로 선출됐다
나경원 후보 36.31%
조은희 후보 16.47%
오신환 후보는 10,39%를 기록해
이로써 서울시장 보선은
더불어민주당 박영선 후보와
국민의당 안철수 후보의
3자 대결구도의 윤곽이 짜여졌다

국민의힘 부산시장 보궐선거 경선에서는
박형준 동아대 교수(61)가 득표율 53.4%로
최종후보로 확정됐다
박성훈 28.63%
이언주 21.54% 순이었다
더불어민주당 후보로는
김영춘(59) 전 해양수산부장관이
득표율 67.74%로 확정됐다

우리 윤석열 총장

문재인 정부 출범 후 윤석열 검찰총장을 내세워
2년간 적폐청산 수사를 이어나갔다
문 대통령은 총장 임명 수여식에서
"우리 윤 총장에 대한 기대가 높다"며
각별히 애정을 표시했었다
두 사람의 관계는 2016년 총선을 앞두고
국가정보원 댓글 수사로 좌천돼
대구고검 검사로 근무하던 윤 총장을
문 대통령이 영입하면서 시작됐다
윤석열 검찰총장의 사퇴는
문 대통령이 기수를 뛰어넘어
윤 총장을 서울중앙지검장 검찰총장에 발탁하면서
인연을 맺어온 두 사람이 등을 돌려
완전히 갈라섰음을 보여주는
상징적인 장면이 연출되었다
윤 총장이 2019년 9월
조국 전 법무부장관에 대한 수사에 나서면서
이어진 1년 6개월간의 '불편한 동거'가
결국 파국으로 끝난 것이다

LH 직원 투기의혹

한국토지주택공사(LH) 직원들의
경기 광명·시흥 신도시 땅투기 의혹과 관련해
3월 4일 정세균 국무총리가
"국무총리실 국무1차장을 단장으로
관계기관 합동 조사단을 구성해
본격 조사에 착수하겠다"고 밝혔다
문재인 대통령은 3일 3기 신도시 전체에 대한
국토부·LH 직원 투기거래전수조사를 지시하고
4일에도 "신도시 투기의혹이
일부 직원들의 개인적 일탈인지
뿌리 깊은 부패구조인지를 규명해
발본색원하라"고 추가 지시했다
이 의혹은 정부 주택정책에 대한 신뢰를
통째로 무너뜨릴 수 있는 중대 사안이다
변창흠 국토부장관과 LH는 이날
대국민 사과를 했다

한국의 선·후진국 세대

2021년 3월 6일 경향신문 토요기획
박성민의 정치인사이드의 글이 인상적이다
그가 태어났을 때 대통령이던 박정희는
고등학생이 된 1979년까지도 대통령이었으니
그에게는 절대적군주 같은 존재였다고 했다
이제 한국의 대통령은
메시아·영웅의 아우라는 고사하고
지도자 이미지도 거의 상실했다고 했다
이제부터 지도자 없는 시대가 시작됐다
영웅담론은 종말을 고했다
대통령의 시대는 끝났다

대한민국에는 두 부류의 사람이 있다
1961년 이전 태어난 후진국(後進國) 사람과
1980년 이후에 태어난 선진국(先進國) 사람을 말한다
그 중간에 1973년 이후에 태어나
1990년대에 20대로 정치적 자유와
문화의 르네상스를 경험한 X세대도
이전 세대와 다른 가치관을 가진 듯하다고 했다
후진국에서 태어난 '초등학교' 출신들은
아직도 국가주의(國家主義)와

민족주의(民族主義)에 짓눌려 있다
'국민교육헌장'은 이 세대가 주입받은
세계관을 잘 반영하고 있다
"우리는 민족중흥의 역사적 사명을 띠고 이 땅에 태어났다…
나라의 융성이 나의 발전의 근본임을 깨달아
자유와 권리에 따르는 책임과 의무를 다하며…"
국가와 민족의 '집단주의' 속에서
책임·의무를 강요당한 그 시대에도 자유와 권리를
"타는 목마름으로" 갈구한 선각자는 있었지만
'성실한 마음과 튼튼한 몸으로
학문과 기술을 배우고 익히며
타고난 저마다의 소질을 계발하고
우리의 처지를 약진의 발판으로 삼은'
대부분의 사람들은 국가와 민족을 위해 헌신했다
자유주의의 결핍 속에서 개인의 자유와
권리는 호사스러운 사치로 받아들여졌다
'한국적 민주주의(韓國的民主主義)'가 먹히던 시대였다

4자 필승론

박성민의 글은 이어진다
김영삼·김대중의 문민정부가 들어선
1990년대는 자유와 개혁의 시대였다
억압을 뚫고 분출한 문화적 르네상스의 세례를 받은
'선진국 아이들'이 자라고 있었지만
후진국 세대의 열등감은 '국뽕'을 벗어날 수 없었다
2000년의 역사적 남북정상회담 이후
민족주의는 고조됐지만
2002년 월드컵 이후
선진국세대(先進國世代)가 사회로 진입하기 시작해
국가주의는 눈에 띄게 약해졌다
전쟁도 없고 냉전도 끝났기에 사람들은
'국가가 나에게 해줄 수 있는 것이 무엇인지'를 묻기 시작했다
세계화(世界化)와 기술혁신(技術革新)으로 확대된
양극화와 반복되는 금융위기는
국가와 민족의 생존이 아니라
나와 가족의 생존이 먼저임을 자각시켰다
'나의 발전이 나라 융성의 근본임을 깨달은' 세대가
20-40대가 되자
재벌기업 사장 출신의 이명박과 박근혜도

국민에게 더 이상 국가를 위해 희생해달라고
요구할 수 없다는 것을 어렴풋하게나마 눈치챘다
문재인의 '사람이 먼저다' 역시
같은 인식의 흐름이었다
'국가·민족·기업'을 우선하던 세대와
'나와 가족의 행복'을 우선하는 세대가
실존적으로 충돌하기 시작했다
사람을 행복하게 하는 조건은 무엇인가?
"뭐니 뭐니 해도 머니가 최고"라는 말은
돈이 건강과 함께 행복도에
크게 영향을 끼치는 것은 분명한데
한국은 가슴이 철렁 내려앉는 일이
일상으로 일어나고 있다

촛불정부를 자임하는 문재인 정권에 기대한 것은
'예측 가능성'이었다
'1987년 체제' 이후 30년 만에 개헌을 포함한
법과 제도의 시스템 개선을 통해
새로운 대한민국으로 가는
'2017년 체제'를 만들 수 있는 절호의 기회였고
명분도 세력도 동력도 충분했다
그러나 새로운 체제는커녕 '한번도 경험해보지 않은'
극단적 진영싸움만 있었다
'조국 내전'과 '코로나19' 이후
한국사회는 신뢰는 무너졌고 대화는 단절됐다

'생각이 다른 사람과 함께 살아가는 지혜'인
민주주의는 훼손되었고
법치주의는 회복하기 어려운 깊은 내상(內觴)을 입었다
그 틈을 타 민주주의를 파괴하는 악성 바이러스 즉
① 극단적 진영논리
② 권력의 사유화
③ 공공성의 실종
④ 포퓰리즘
⑤ 반지성주의
⑥ 폭력적 팬덤
⑦ 가짜 뉴스 팬데믹은 사회 곳곳을 감염시켰다
문재인 정부 4년간 한국사회는
공정성과 예측가능성이 크게 떨어졌다
사법을 포함한 모든 공적 영역에 대한
신뢰가 훼손되었고 정치는 실패했다
법치도 무너졌다
사회 전반에 불신·불만·불안이 확산되면서
사람들의 행복감은 크게 낮아졌다
미래에 대한 통찰과 현재의 문제 해결능력이 없는
시대착오적 국가주의 세력과 낡은 민족주의 세력은
100년 전 과거로 싸우고 있다

2022년 대선은 극단적인 진영 싸움에 지친
'스윙보터' 중도의 분노가 양극단을 심판하는
선거가 될 가능성이 높다

① 박영선·박형준의 압승 ② 오세훈의 승리
③ 안철수의 안정적 우위 유지의 공통점은
중도 지향성이다
2022년 대선은 35년 만에 '4자 필승론'이
재등장할 가능성이 점점커지고 있다
당시
① 노태우는 김영삼·김대중의 분열로 승리를 확신했고
② 김대중은 TK·PK 분열로 승리할 수 있다고 생각했다
③ 김영삼은 노태우·김종필의 보수 분열로
④ 김종필은 이들의 3인의 분열로
원조보수가 승리할 것이라 믿었다
이번 대선도 양 진영이 모두 해체되면서
'4자 필승론(四者必勝論)'의 유혹에 빠져들 것이다
이재명의 독주와 윤석열의 출사로
양진영이 해체된다고 분석했다

LH 폭탄

한국토지주택공사(LH) 투기의혹은
부동산과 불공정을 동시에 때린 폭탄이다
문재인 정권은 부동산대책의 실패로
집값 폭등·전세대란을 불러
경제적 약자를 사지(死地)에 몰아넣고
뒤늦게 공급확대로 전환했지만 LH악재가 터졌다
문제의 LH토지보상 담당 직원들은
전문 투기꾼들이었다
비공개·내부 정보를 손에 쥐고
3기 신도시 예정지 땅을 쇼핑하듯 사서 쪼개고
희귀종 나무를 심어 보상가를 극대화시켰다
추악한 기교(技巧)는 엄정해야 할 법과 제도를
악취를 풍기는 축재(蓄財)의 도구로 만들었다
직전 LH사장 출신의 변창흠 국토교통부장관은
"개발정보를 알고 땅을 미리 산 건 아닌 것 같다"고
직원들을 감쌌다
주호영 국민의힘 원내대표는
"고양이에게 생선가게를 맡길 수 없다"고 일갈했다

2011번째 서울시장

1395년부터 1910년까지
조선시대의 한성부·판윤은 모두 1,952명으로
당시에도 장관급 대우를 받았다
그때는 당쟁(黨爭)의 자리였다고 한다
서울시장은 일제강점기의 20명과
광복 이후 38명으로 총 2,010명이었다
4·7보궐선거에서 당선되는 서울시장은
2,011번째로 임기는 1년 2개월이다
박원순 전 서울시장은 3선에 성공하고
부하직원 성추행으로 자살했지만
지방단체장 선거 이래 8년8개월의 최장수 시장이 됐다
가장 인상 깊은 서울시장은 불도저란
별명의 김현옥 시장이다
1960년대 말
① 광주단지(성남시) 건설
② 도로 건설
③ 판자촌 정리
④ 미아리공동묘지 정리
⑤ 강남개발 등
서울의 모습이 자고나면 달라지던 때의 일이다

떠오른 윤석열

대선 1년을 앞두고 야권에서
윤석열 전 검찰총장이 '태풍의 눈'으로 급부상했다
총장직 사퇴 직후 이뤄진 여론조사에서
단숨에 대권후보 지지율 1위로 뛰어올랐다
유력 후보가 없던 야권의 대선 지형에
대형 변수가 생긴 것이다
야권에서는 윤 총장이 서울·부산시장 보궐선거 이후
야권 재편의 구심점 역할을 할 것으로 기대하고 있다
한국사회여론연구소(KSOI)가 3월 8일 발표한
대권주자 적합도 조사에서 윤석열은 32.4%
이재명 24.1% 이낙연 14.9% 순이었다

안갯속 여당

여당의 대권주자가 안갯속으로 빨려 들어가고 있다
이재명·이낙연의 '2파전' 양상이지만
이재명 경기지사를 향한 민주당 내 견제론도 작지 않아
이 구도가 내년 대선까지 이어질지는 미지수다
정세균 국무총리가 기지개를 켜고 있고
다른 예비후보들도 도전장을 내밀고 있다
여기에 4·7재보궐선거 결과와
윤석열 변수까지 더해 대선까지 1년 동안
여권 내 변동은 더욱 확대될 것으로 전망하고 있다
코로나19 접종문제·무너진 자영업회복·기본소득·증세문제·저출산문제·주거일자리 문제 등 대안이 시급한데
광화문이 파헤쳐지고
LH·국토부 직원 2만3천 명 부동산거래 조사 등
'6·25는 말도 아니다'란 말이 다시 나오게 생겼다

성난 민심

LH 직원들의 3기 신도시 투기의혹으로
문재인 정부의 '아킬레스건'인
부동산문제가 임기 말 대형악재로 부상했다
현 정부 4년간 부동산대책을 25번이나 내놓았지만
집값 안정은 요원한 가운데
공기업직원들의 대규모 투기의 혹까지 터지면서
여론이 급격히 악화되는 분위기다
문 대통령은 3월 9일 "투기는 투기대로 조사하되
2·4부동산대책 추진에 차질이 없어야 한다"했다
정세균 국무총리·홍남기 경제부총리·변창흠 국토교통부장관·더불어민주당 이낙연 대표도 "정말 송구하다"고 했다
사실상 문재인 대통령을 빼곤
정부·여당 수뇌부가 모두 나서 사과한 셈이지만
성난 민심을 달래기엔 역부족이다
국민의힘은 물론 정의당도
"문 대통령이 사과해야 한다"고 했다

주한미군 방위비

올해 한국이 부담하는 주한미군 방위비 분담금이
전년보다 13.9% 인상된 1조1,833억 원으로 결정됐다
또 2025년까지 4년간 해매다
국방비 증가율과 연동해 늘어난다
'동맹 공조'를 중시하는
조 바이든 미국 행정부 출범 이후
한·미간 핵심갈등 현안이
조기 해소된 것은 성과라고 평가했다
그러나 트럼프 정권의
500% 인상안과 비교가 안 되지만
1991년 시작된 방위비 분담금협상 역사상
최대 규모의 증액이라고 했다

고립무원 문재인

강창일 주일한국대사가 3월 10일
“일본에 와 보니
생각했던 것보다 분위기가 더 차갑다”고 밝혔다
강 대사는 지난 1월 부임해왔지만
아직 일본 외무상과 총리를 면담하지 못했다
여기에 토마스 오헤아 칸타나 유엔 북한인권특별보좌관은
3월 10일 “북한인권 문제 해결을 위해
한국정부가 적극적으로 나서라”고 했다
이는 대북전단살포금지법을 지적한 것이다
미국 바이든 행정부가 중국견제를 위한
전략행동으로 옮기고 있다
3월 12일 쿼드 4개국(미국·일본·호주·인도)의
첫 화상 정상회가 열린다
한반도를 둘러싼 대외환경 급변이
현실로 나타나고 있지만
한국은 끼어들 자리가 없다

거짓말의 달인들

LH직원의 신도시 땅 투기의혹에 대한
정부합동조사단의 1차 조사 결과
총 20명의 투기 의심자가 확인됐다
민변·참여연대가 의혹을 제기한 13명에서
7명이 추가된 것이다
정부가 LH와 국토교통부 직원 14,000명을 대상으로
거래내역과 소유정보를 조사한 결과다
정세균 국무총리는
"20명 전원을 정부합동특별수사본부에
수사의뢰할 예정"이라고 밝혔다
확인한 20명은 빙산의 일각에 불과하다는 것이다
일부 LH직원이 직장에서 쫓겨나도
평생 먹고살 재산을 마련할 수 있다는
글을 올려 공분을 사고 있는 게 현실이다

변창흠 사의 수용

LH직원들의 신도시 땅 투기의혹과 관련해
사퇴압력을 받아온 변창흠 국토교통부장관이
3월 12일 사의를 표명했다
지난 2일 민변·참여연대의 기자회견으로
의혹이 제기된 지 10일 만이다
경찰이 100명 이상의 투기 의심자를
수사 대상에 올리는 등 수사를 확대하자
LH 고위 간부는 스스로 목숨을 끊었다
문 대통령은 변 장관의 사의표명에 대해
"책임지는 모습을 보일 수밖에 없다고 생각한다"고 말했다
다만 "2·4부동산 대책의 차질 없는 추진이 매우 중요하다"며
"변 장관 주도로 추진한 공공주도형 주택공급 대책과 관련된
입법의 기초작업까지는 마무리해야 한다"고 했다

좀스럽고 민망하다

문 대통령은 퇴임 후 거주 목적으로
경남 양산에 땅을 사서
경호동 건설 절차 등이 진행되고 있다
국민의힘 윤영석 의원은
"농사를 짓겠다며 상대적으로 땅값이
저렴한 농지를 매입해 1년도 지나지 않아
땅의 사용 용도를 바꾼 것"이라며
"이게 바로 문재인 정부가 혐오하던
부동산 투기 행위"라고 비판했다
문재인 대통령은 3월 12일
페이스북을 통해 "좀스럽고 민망한 일이다"라고 하자
유승민 전 의원은 "자신의 일에는 저렇게 화를 내는데
국민의 분노는 왜 공감하지 못하는가
LH 불법 투기에 대한 국민의 분노가 들끓고
국토부장관은 사표를 쓰고
LH간부가 극단적 선택을 한 날
대통령은 본인의 사저 부지에 대한 문제 제기를 두고
'좀스럽다'고 짜증을 낸다
실망이다"라고 비판했다

지는 게 이기는 것

지는 게 이기는 것이다
말 같지 않은 개똥철학이지만
나는 이 말을 믿고 그렇게 살아가고 있다
이기는 것만이 능사는 아니다
때론 져주는 지혜도 필요하다
삶의 지혜란 것이다
문재인 대통령이 퇴임 후 양산 사저(私邸) 문제로
"좀스럽다"고 했다가 구설수에 올랐다
시시콜콜 다 이기려다
사단(事端)이 난 것이다

대통령 사저 공방

문재인 대통령이 경남 양산 사저를 둘러싼
논란에 대해 "좀스럽다"는 표현을 쓴 것을 두고
정치적 논란이 커지고 있다
청와대 관계자는 3월 14일
"이 메시지는 문 대통령이 직접 말씀하신 것"이라고
밝혔다
"좀스럽고 민망한 일"이라는 표현도
문 대통령이 직접 택했다고 한다
청와대 다른 관계자는
"윤영석·안병길 국민의힘 의원이
전혀 합리적이지 않기 때문에
이런 메시지를 낸 것"이라고 했다
윤영석 의원은
문 대통령의 사저 부지의 형질 변경을 문제 삼았고
안병길 의원은
문 대통령의 사저를 매입하면서
영농 경력을 11년으로 기재한 사실을 비판했다
특히 문 대통령은 윤 의원이
"LH 직원들의 수법과 뭐가 다르냐"고 말한데
불쾌감을 표현했다고 한다
하지만 야당은 공세를 강화했다

국민의힘은 문 대통령이 감정적인 표현만 쓸 뿐
사저논란에 애해 명확하게 해명하지 않았다고 비판했다
주호영 원내대표는 "대통령 가족이 지금 진행하고 있는
농지구입·용도변경 모두 다 불법"이라며
"10여 년 영농했다면 비료비·농약비·종자비·묘목비 같은
영농관련 지출 내역을 공개하라"고 페이스북에 썼다
안병길 의원은
"농사를 짓지도 않으면서 농지를 취득하고
형질을 변경하는 과정에서
다수의 불법·편법이 있었던 것으로 지적되고 있는데
위반 사실을 시인 안 하려고 하니
계속 거짓말로 억지를 부리게 된다"
"국민은 대통령이 법과 제도를 정확하게
안 지킨 점에 대해 분노한다
본인도 MB(이명박)사저 구입을 두고
그렇게 비판하지 않았나"고 말했다

시한부 장관 변창흠

시한부(時限附) 장관
변창흠에 맞겨진 만신창이 2·4대책!
물러날 장관이 주요정책 입안을 맡고
본인도 책임이 있는
LH사태의 수습까지 하겠다는 것을 두고
변 장관은 이미
국토정책의 수장으로서의 신뢰를 상실했다
어정쩡한 경질로 넘어갈 수준이 아니라는
비판이 나오고 있다
LH 직원 두 명이 잇따라 숨졌다
3기 신도시 땅 투기의혹 사건과 관련한
극단적 선택으로 추정되지만
두 사람 모두 정부가 전수조사로 밝혀낸
투기 의혹자 명단에 포함되지 않은 것으로 파악되면서
700명을 투입한 정부합동특별수사본부의
역량에도 의문이 제기되고 있다

완이화 소녀가수

13세 미얀마 소녀가수 완이화가
2020년 12월 KBS '트롯트전국체전'에서
'상사화'를 불러 고두심·김연자·남진·설운도 등
모든 심사위원이 눈물을 흘렸다
노래만 잘하는 게 아니라
한국말도 유창하게 잘했다
특히 심사평을 한 고두심은
"대견하고 자랑스럽다"며 울먹일 정도였다
이화가 5세 때 하늘나라로 떠난
아빠를 위한 헌정곡이라고 했다
아빠는 미얀마 소수민족인 카렌족 가수로
카렌족의 우상이었다

이화에게 노래를 가르치고
매니저처럼 뒷바라지하는 이는 이경자(58) 선생이다
둘의 인연은 2018년 외국인가요제 인천
지역 예선에서부터다
당시 인천시 서구 구립합창단 지휘자이자
지역 예선 심사위원장이었던 이 선생은
완이화의 목소리에 가능성을 봤다
"그때만 해도 아이의 사정은 몰랐어요

잘 가르치면 훌륭한 가수가 되겠다 싶었습니다"
이후 이 선생은 이화의 가족이
2016년 태국을 거쳐 한국으로 온 난민임을 알게 됐고
주변사람들을 연결해 매달 얼마씩 후원하게끔 하다가
물고기를 낚는 법을 가르쳐야겠다고 판단하고
목소리에 한이 서려있는 완이화에게
'상사화'를 가르쳐 주었다
이 선생을 어떻게 생각하느냐는 기자 질문에
이화는 대뜸 한국 엄마라고 답했다
이경자 선생은 "요즘 이화가 너무 바쁘니 좀 버거워요
그래도 이화가 스스로 판단하고 결정할 때까지
돕겠다고 약속을 했으니 책임져야죠"라고 했다
트롯열풍이 불면서 코로나19로 어려운 때
훈훈한 이야기다

꺼져가는 촛불정신

문재인 대통령이 2021년 3월 15일
LH직권들의 3기 신도시 땅 투기 의혹에 대해
"단호한 의지와 결기로 부동산 적폐 청산과
투명하고 공정한 부동산거래 질서 확립을
남은 임기 동안 핵심적인 과제로 삼아
강력히 추진하겠다"며
"우리 정부를 탄생시킨 촛불정신을
구현하는 일이다"라고 밝혔다
그러나 야권에서는 4·7서울·부산시장 보궐선거를 앞두고
민심이 심상치 않자
책임소재를 흐리려는 "전형적 물타기"
"사과는 없이 또 남탓"한다고 비판했다
국민의힘 김은혜 대변인은
"조국 장관의 딸 입시비리 의혹에는
'입시제도 탓'을 하더니 이번에도 '제도 탓'이다
제도가 없어
문재인 정부 부동산투기 게이트가 터졌다는 것인가"라고 비판했다

제5장
시일야방성대곡

을사보호조약

1905년 11월 17일 체결된
망국적인 을사보호조약이 체결되자
황성신문의 주필 장지연(張志淵)은
시일야방성대곡(是日也放聲大哭)이란 글로
백성들의 마음을 더욱 슬프게 했다
"일전에 이등 후작(伊藤侯爵)이 한국에 왔을 때
어리석은 우리 백성들은 이등 후작을 보고
서로 그야말로 동양 3국의 평화를 주선할 사람이라고 하였다
그가 한국에 온 것은 반드시
우리나라의 독립을 공고히 해줄
방약(方略)을 가지고 왔을 것이라 믿어
인천항에서 서울로 들어올 때
관민상하가 열렬히 환영했다
세상의 일은 헤아리기가 어려운 법
천만뜻밖에도 그는 우리에게 5조약을 제출하였다
이 조약으로 한국은 망할 뿐 아니라
이 때문에 동양 3국에 분열할 조짐마저 보이고 있다
이등 후작의 처음 주장은 과연 어디로 갔느냐
그러나 우리 황제폐하의 성의(聖意)가 강경하시어
거절하면 그 조약은 성립되지 않았을 것이다

저 돈견(豚犬)만도 못한 우리 정부 대신들은
영리를 바라는 마음 때문에 위협에 못이기는 체하고
매국노가 되었다
저 남한산성에서 항복문서를 찢은 김상헌만 못하고
또 할복한 정 온만 못하니
무슨 면목으로 살아 2천만 동포를
다시 대한단 말인가?
아! 분하다
우리 2천만 동포여 살았는가! 죽었는가!
단기(檀紀)이래 4천 년의 국민정신이
하룻밤 사이에 멸망하였구나 통재(痛哉)라!
동포여! 동포여! 이날이여
방성대곡(放聲大哭)할 날이구나!"
이후 일본공사관을 통감부(統監府)로 고치고
초대통감으로 이등박문이 임명되었다

* 시일야(是日也) : 이날의

볼모로 간 영친왕

1907년 8월 3일 순종황제의 대관식이 거행되고
순종황제의 거처를 창덕궁으로 옮기고
고종의 셋째아들 영친왕을 황태자로 봉했다
실의에 빠져 한숨만 짓고 있는
고종의 심사를 달래기 위한 술책이었다
이등이 황태자의 처소를
창덕궁 낙선재로 옮기도록 조치하자
순종황제가 반대했다
"하오나 폐하 황태자께서 이미 보령 11세인데
언제까지 어버이 슬하에만 있어야 합니까
그것은 의타심만 키워주는 것이라 그것이 염려되옵니다"
이 소식에 깜짝 놀란 태황제와 엄 귀비
"마마 들려오는 소문에 황태자 저하를
일본에 볼모로 데려간다고 하옵니다"
이등은 동경에 보내 개화된 문물을 수학케 하여
진보된 사상을 배워야 한다는 구실을 붙여
일본으로 데려가고 말았다
덕수궁과 창덕궁은 초상집과 같았다

창경원 건립

1908년이 되었다
볼모 유학을 떠난 황태자를 배웅하고 돌아온
이등박문은 이완용을 시켜
창덕궁 순종황제 앞에 가게 했다
창경궁에 동물원·식물원·박물관 건립을 알리기 위해서다
"다 부질없는 일이오
백성들은 무지와 가난으로 고생하는데
어찌 황실에서만…
꼭 하고 싶거든 박물관만은 허락하겠소"
이등 통감의 명을 받은
이완용은 집요하게 물러서지 않았다
"그렇다면 태황제에게 아뢰어 보시오"

다음날 이등 통감이 덕수궁으로 들어갔다
"태황제 폐하 외신 이토오 히로부미
무사히 황태자 저하의 배행임무를 마치고
돌아 왔사옵니다"
"고맙소 이토오 통감"
"황태자 저하를 맞은 일본인들의 환영은 열렬했사옵고
명치천황 폐하께옵서는 황태자에게
금시계를 하사하시었사옵니다"

"허허 고맙구려 거기에 이토오 통감의 영광도
또한 더없이 컸겠구려"
고종의 가시 돋친 말이었다
이들은 속으로는 서로를 비웃고 있었다
"폐하 외신 이토오 히로부미는 돌아오는 길에
비록 작지만 선물을 가지고 돌아왔사옵니다"
"선물이라 무슨 선물이오?"
"창경궁에 동양 최대의 동물원·식물원과
박물관을 만들어 황실의 기쁨을 더하고…"
"동물원·식물원을 왜 하필이면 창경궁에?
그러고 보니 이 나라 황실을
이젠 구경거리로 만들겠다 그 말이오?
안 되오!"
"하오나 신황제 폐하께서도 쾌히 윤허하시었고
설계도 이미 마친 일이옵니다"
그날 이후 즉각 창경원이 만들어졌다
창경원은 박정희 정권 때 과천으로 옮겨져
오늘날 서울대공원으로 남아있다

대통령의 사과

문재인 대통령이 2021년 3월 16일
LH 직원들의 3기 신도시 땅투기 의혹과 관련해
"국민들께 큰 심려를 끼쳐드려
송구한 마음"이라고 사과했다
2일 LH 의혹이 제기된 지 14일 만이다
문 대통령이 그동안 직접 10여 차례 메시지를 내며
'부동산 적폐'에 '촛불정신'까지 거론했지만
오히려 국민적 분노가 확산되자
수습에 나선 것으로 풀이된다
이번 사태가 다음달 4·7 서울·부산시장 보궐선거에
미칠 영향도 고려했다는 관측이 나오는 가운데
'공시가격 폭탄' 논란에 더불어민주당 내에서
우려의 목소리가 커지고 있다
LH발 초대형 악재에 더해
실제 피부에 와닿는 세금 인상이
선거에 악영향을 끼칠 수밖에 없다는 우려다

방성대곡할 일

북한 김정은의 동생 김여정이
3월 16일 한미연합훈련을 비난하며
문재인 정부를 향해
"태생적 바보" "미친개"라는 등 막말을 했다
"3년 전의 따뜻한 봄날은
다시 돌아오기 어려울 것"이라면서
"임기 말기에 들어선 남조선 당국의 앞길이
무척 고통스럽고 편안치 못할 것"이라고 위협했다
그는 "시작부터 잠 설칠 일거리를
만들지않는 것이 좋을 것"이라며
조 바이든 미국 행정부를 향해서도 날을 세웠다
그런데도 정부 고위 당국자는
"남북정상이 2018년 판문점선언과
평양선언을 확인하는 것이 목표"라며
남북정상회담 재추진 의사를 밝히고 있다
이 정부에 기본적인 현실 감각은 있는 건지
북한이 모자라는 건지
방성대곡(放聲大哭)할 일이다

말라버린 트레비분수

2021년 3월 15일 가동을 중단해
말라버린 로마의 트레비 분수
이탈리아 정부는
하루 코로나19 확진자가 2만 명을 넘나들자
이날부터 필수 목적
이외의 외출을 금지하고
학교·음식점·박물관 등을 폐쇄했다
관광 명소인 로마 콜로세움·스페인 계단에도 인적이 끊겼다
전염력이 강한 코로나 변이 바이러스가 퍼지며
유럽은 3차 대유행 수렁에 빠져들고 있다
독일·프랑스는 전국 봉쇄를 검토하고
체코는 감염자 폭증으로 의료마비를 선언
백신접종을 가장 먼저 시작한 영국에서도
하루 5천 명 안팎의 확진자가 나온다

요절복통할 일

문재인 대통령은 사저 논란의 당사자다
양산에 사저(私邸)부지 농지를 살 때
"영농경력 11년"이라 허가를 받고
9개월 만에 농지를 대지로 형질변경하고
"부동산 적폐 청산을 남은 임기 동안
핵심 국정과제로 삼겠다"고 했다
김헌동 경실련 부동산건설개혁운동본부장은
"대통령 본인이 적폐의 적통 세력인데
대체 무슨 적폐를 청산하겠다는 것이냐"고 물었고
이해찬 민주당 전 대표는
"위에는 맑아지기 시작했는데
아직 바닥에 가면 잘못된 관행이 남아 있다"며
"그런 것까지 고치려면
재집권(再執權)해야 한다"고 했다
요절복통(腰折腹痛)할 일이다

더불어민주당 초비상

4·7 재보궐선거를 보름여 앞두고
더불어민주당에 '초비상이'이 걸렸다
여권의 콘크리트 지지층이 이반 조짐을 보이며
당지지율이 급격한 하락세를 기록하면서다
리얼미터가 YTN 의뢰로 조사한 결과
문 대통령 국정 수행 지지평가는
취임 후 최저치인 34.1%를
부정평가는 최고치 62.2%를 기록했다
당지지율은 28.1%로
국민의힘 35.5%에 오차범위 밖으로 밀려났다

정치해도 될까요?

27년간 검사 외길만 걸어온
윤석열 전 검찰총장이
101세 철학자 김형석에게 물었다
"정치해도 될까요?"
40년 연상 노 철학자의 답은
뜻밖에 간명했고 큰 위로를 주었다
① 애국심 있는 사람
② 그릇이 큰 사람
③ 국민을 위해 뭔가를 남기겠다는 사람은
누구나 정치를 해도 괜찮아요
당신은 애국심이 투철하고 헌법에 충실하려는
민주주의에 열정이 있는 것 같아요
너무 걱정하지 마세요
윤석열은 3월 22일 리얼미터 여론조사
40.8%의 지지율로 대선후보 1위를 기록
이재명 경기지사는 16.6% 이낙연 민주당
상임선거대책위원장은 11%에 머물렀다

노익장 김종인

국민의힘 오세훈 서울시장 후보가
국민의당 안철수 후보를 누르고
4·7서울시장 보궐선거의 야권 단일후보로 확정되자
김종인 비상대책위원장을 재신임해야 한다는 여론이
고개를 들었다
지난해 12월 말 안철수 후보의 출마선언 후
'안철수 대세론'이 형성되었을 때
국민의힘 내부에선
"이러다가 서울시장 후보도 못내는 게 아니냐"는
우려가 나왔다
그러나 김종인 위원장을 중심으로
당내 경선 흥행을 불러일으키고
안 후보마저 꺾자
김 위원장 체제로 대선을 치러야 한다는
목소리가 나오기 시작했다
김 위원장은 "오세훈 후보를 단일후보로 만들고 나서
내가 국민의힘으로 와서
해야 할 임무의 90%는 완성했다
당선만 시키면 내 책무는 다하는 것"이라고
선을 그었다

참으로 몹쓸 사람

임종석 전 대통령비서실장은 3월 23일
박원순 서울시장에 대해
"내가 아는 가장 청렴한 공직자"라며
"그의 열정까지 매장되지는 않았으면 한다"
이어 "용산공원의 숲속 어느 의자엔가는
매 순간 사람의 가치를 높이고자 치열했던
박원순의 이름 석 자를
소박하게나마 새겨 넣었으면 좋겠다"고 덧붙였다
이 글에 조국 전 법무부장관은
"슬퍼요"를 눌러 공감을 표했고
정호진 정의당 수석대변인은 국회 브리핑에서
"참담하다 선거를 목전에 두고
대놓고 2차 가해를 하는 것은
매우 악의적이기까지 하다"며
"임종석씨 참으로 '몹쓸 사람'이다"라고 비판했다
서혜진 한국여성변호사협회 인권이사는
"대통령비서실장을 지낸 상징적인 인사가
'박원순 청렴' 운운하는 건 피해자를
심각하게 위축시킬 수 있다"고 비판했다

서울시장 선거

2021년 3월 25일 4·7재보선
공식 선거운동이 시작되었다
'여성·진보층과 30·50대 표심이 한 달 새 역전
박영선 타격'으로 시작한 경향신문의 분석은
서울시장 보궐선거 흐름이 완전히 뒤바뀌었다고 했다
① 박원순 서울시장 성범죄 책임론
② 실망한 부동산 민심
③ 코로나로 인한 민생경제 악화 등의 요인이
복합적으로 작용한 결과로 결국 2주가량 남은 선거기간
여야 후보들의 선거전도
이들 '3대표심(三大票心)'을 얻는 것이
핵심과제가 될 것이라고 했다
리얼미터가 24일 발표한 박·오 후보 간
가상대결 여론조사 결과는
지난달 2월 9일 같은 기관이 발표한 결과와
정반대로 나타났다
박영선 후보의 지지율이 40.6%에서 29.2%로
오세훈 후보는 29.7%에서 48.9%로
상승했다는 것이다

안철수와 금태섭

안철수 국민의당 대표는
국민의힘 상징색인 빨간 넥타이를 매고
금태섭 전 더불어민주당 의원은
빨간 점퍼를 입고
이 두 사람을 공동선대위원장으로 영입한
오세훈 후보는
3월 24일 박원순의 성추행 사건을 부각시켰다
“어제 임종석 전 대통령비서실장은
극도의 망언을 했다
박원순 서울시장의 이름을
용산공원 어딘가에 새기겠다는 말을 듣고
분노를 느끼지 않을 수 없었다”면서
“성추행 피해자가 계속 숨죽이고 불안한 마음으로
숨어지내야 하는 대한민국 수도 서울이 돼야 하냐
박영선 후보 당선은 ‘박원순 시즌2’”라고 주장했다
박영선의 ‘자제 요청’에도 불구하고
임종석은 또 박원순 옹호 글을 올려
일각에서는 본인의 차기 대선 레이스까지
염두에 두고 있다는 해석까지 하고 있다

바이든의 경고장

2021년 3월 25일
조 바이든 미국 대통령이
북한의 단거리탄도미사일 발사에 대해
“긴장을 고조시키려한다면
그에 상응하는 대응을 하겠다”고 경고했다
또 북한의 탄도미사일 발사는
유엔안전보장이사회 결의에 대한
위반이라는 점도 분명히 했다
하지만 문재인 대통령은 북한의 미사일 발사와 관련해
26일 “국민 여러분의 우려가 큰 것을 잘 안다”면서도
대화를 통한 한반도 및
북핵 문제 해결 의지를 강조했다
바이든 행정부 출범 2개월 만에 터진
북한의 탄도미사일 도발은
북핵 문제를 대화로 해결해보겠다는 문재인 정부의
‘한반도 프로세스’에 상당한 부담이 될 것으로 보인다

수에즈 운하 마비

1862년 흥성대원군이 집권하고 경복궁을 재건하던
1869년 11월 17일 개통해
현재의 길이가 193.3km인 이집트 수에즈 운하는
유럽-아시아항로를 9,650km 단축하며
글로벌 물류혁명을 이끌었다
영국과 프랑스는 지정학적 급소에 운하를 뚫고
1956년까지 소유하면서 강대국으로 군림했다
지중해와 아시아를 잇는 뱃길을 장악하고
면직물을 아시아에 미얀마 쌀과
베트남 커피를 유럽에 각각 공급하는 길을 열었다
그런데 2021년 3월 23일 대만 해운업 소속의
22만t급 초대형 컨테이너선이 좌초해
글로벌 무역 동맥인 수에즈 운하를 막으면서
무역 '동맥경화'로 글로벌 경제회복 속도가 더뎌지고
미국발 인플레이션 우려에
기름을 부을 수 있다는 우려가 나온다

다급해진 문 대통령

4·7보궐선거를 9일 앞두고
김상조 청와대 정책실장이 전세금 인상 논란 속에
3월 29일 전격 경질됐다
임대료 인상폭을 5%로 제한하는
임대차법 시행을 이틀 앞두고
자신의 소유 아파트 전세금을
14% 올린 사실이 확인돼서다
문재인 대통령은 29일 청와대에서 직접 주재한
'공정사회 반부패정책협의회'에서
지위 고하와 소속 정치적 유불리를 따질 것 없이
공직사회와 부동산 부패를 엄단하고
강도 높은 투기 근절대책을 만들라고 지시했다
부동산 등 경제정책의 컨트롤타워 역할을 한
김상조 실장은 임대차법 시행을 주도했다
겉 다르고 속 다른 후안무치(厚顔無恥)이자
전월세대란에 내몰린 국민들을 우롱한 것
LH투기사건과 함께 정부의 부동산대책에 대한
민심 이반을 불러온 사건이랄 수 있다

일깨운 한강의 기적

2021년 3월 30일 중앙일보 '삶의 향기'에
인요한 연세대 의대 교수가 북한에서 겪은
"내가 목격한 한강의 기적" 타이틀의 이야기가 실렸다
최근 어느 날 도요타 봉고차를 타고
지방에서 평양을 향해 달리던 밤길에
노후된 차의 엔진소리가 워낙 컸기 때문에
대화하기 힘들었지만 조심스럽게
우리를 안내한 분이 내게 물었다
"남조선은 우리보다 좀 앞선다던데
그게 사실이면 말해보라우"
질문을 받은 나는 엄청 당황했다
나는 광주항쟁에서 하루 통역만 했을 뿐인데
누명을 쓰고 데모 주동자로 몰려
전두환 정권 하에서 2년 동안
사복경찰의 밀착 감시를 당하며 고통스럽게 지냈다
북한에서 우리나라를 좋게 이야기하면
감금이나 추방으로 이어지지나 않을까
순간 걱정이 됐다
"정말 애기해 보라우!"하고 되물었고
젊은 안내원의 질문이 순수한 의도인 것 같아
답을 주었다

귀화한 미국인 인요한 교수는
우리나라가 잘 사는 이유를 첫 번째
박정희 대통령을 만났기 때문이라고 말했다
전라도에서 자란 나는 어렸을 때 지역감정이
크게 자리 잡고 있었다
때문에 솔직히 경상도 사람은 일본사람보다
조금 덜 나쁜 사람으로 인식하고 있었다
물론 나이가 좀 들어서
박정희 대통령의 업적을 알게 되었다
박정희 대통령은 독재를 했고 부당한 유신
그리고 특별조치 같은 반민주적 일들도 했지만
5천 년 역사에 박정희 대통령의 가장 큰 업적은
'관(官)'을 앞세우지 않고 '민(民)'을 앞세웠다는 것이다
나는 그 젊은 안내원에게 정주영을 아느냐 물었다
그는 소떼 1,001마리를 안다고 했다
나는 젊은이에게
"대한민국에는 정주영만 있었던 것이 아니고
박태준·이건희·김우중·허 씨·구 씨도 있었다네"라고 했다
'민'에 능력 있는 사람을 뽑아서 선택적으로 밀어주고
한국경제가 빨리 발전할 수 있는 기반을 열어준 것이
박정희 대통령의 가장 큰 업적이라고 말했다
또한 새마을운동을 통해
6·25전쟁 이후 패배의식에 빠져있던 우리 사회에
논두렁에서 농부들과 막걸리 한 잔하면서
"우리는 잘살 수 있다"는 희망과 생각을

모두의 머리에 심어주었다
두 번째 노동자
세 번째의 이유를 여성들이라 말해주면서
이 세 가지가 '한강의 기적' 원동력이라고 말했다
이야기를 듣던 젊은 안내원은
"나는 그렇게 생각하지 않는데? 줄을 잘 섰디 뭐."
"우리는 러시아 소비에트 뒤에 줄섰고
남조선은 미국 뒤에 줄서서 잘 살게 됐디 뭐"라며
따져 말했다
대한민국 스스로의 것이 아니고
미국의 힘이라는 뉘앙스였다

나는 의대생들을 교육하면서
학생들의 잘못된 생각을 질문을 통해서 고쳐주곤 한다
"필리핀이라는 나라를 아는가?
당신들과 전쟁할 때 필리핀은 많은 군인을 보내
목숨까지 바쳐 가면서 우리를 도왔고
전쟁이 끝난 후에도 경제적인 원조를 보내
서울에 있는 장충체육관도 지어주었다
그런 필리핀이라는 나라가
100년 전에 미국 뒤에 줄을 섰는데
왜 지금은 저렇게 어렵게 사는지 답해보라"
그는 아무런 대답이 없었고 평양까지 들어가는
한 시간 남짓 동안 우리의 대화는 완전히 끊겨
차안은 적막했다

그의 질문을 통해 나는 머릿속에서
"'한강의 기적'이 무엇이고
구체적으로 어떻게 이루어졌는지
생각할 수 있는 기회를 갖게 되었다"고 했다

끝나가는 정치실험

문재인 정부는 '참여연대 정부'로 불렸다
참여연대 출신들이 주요 포스트를 차지해 왔고
청와대 정책실장은 이들이 도맡았었다
초대 정책실장 장하성과 뒤이어 등용된
김수현·김상조 모두 참여연대의 간판급 인사였다
장하성·김상조는 재벌개혁을 외쳤고
김수현은 '문재인표' 부동산 정책의 틀을 짰으며
검찰개혁을 밀어붙인 조국 청와대 민정수석도
참여연대 출신이다
문재인 정부는 당·정·청 모두
시민운동가 출신이 대거 진출했고
서로를 밀고 끌어주는 네트워크도 가동했다
현 정부 5년차를 앞두고 이들의 불명예 퇴진은
소득주도성장·부동산·검찰개혁 등
거친 아이디어를 밀어붙인 결과 혼란을 초래
'정책능력'도 '도덕성'도
한계가 드러나고 있음을 보여주고 있다

박영선30·오세훈50

4·7서울-부산시장 보궐선거를 1주일 앞두고
실시한 중앙일보 여론조사에서
박영선 30%·오세훈 50%
김영춘 31%·박형준 52%로 나타났다
더불어민주당은 "다시 한번 기회를 달라"며
지지를 호소했고
국민의힘은 '무능정권 심판론"을 강조하며
투표 독려에 나섰다
전날 이낙연 상임선대위원장의 사과에 이어
4월 1일 김태년 대표 권한대행·원내대표는 국회에서
다시 한 번 기회를 달라는 호소문을 발표했다
각종 여론조사에서 민주당이 열세로 나오는 상황에서
김상조·박주민 등의 임대료
'내로남불' 논란까지 더해졌기 때문이다

국민의힘 김종인 비상대책위원장은
"문재인 정부가 아주 무능하고 거짓으로
나라를 다스린다"고 했다
그러나 김종인은 선거가 끝나면 떠난다고…

4월 2일 한국갤럽에 따르면

대통령의 직무수행 평가를 조사한 결과
긍정평가 32%
부정평가 58%를 기록한 가운데
사전투표가 시작돼
문재인 대통령은 김정숙 여사와 2일
오전 서울 종로구 삼청동주민센터에서 투표했다
윤석열 전 검찰총장도 2일 오전
서울 서대문구 남가좌동 주민센터에서
아버지 윤기중 연세대 명예교수와 함께
사전투표를 했다
투표소에 몰린 지지자들은 그가 등장하자
박수와 환호를 보냈다 그는 취재진에게
"아버님께서 기력이 정정치 않으셔서
같이 왔다"고만 말하고 투표했다
'사전투표를 첫 공식 일정으로
선택한 이유가 있느냐'
'대권후보로 해석해도 되느냐' 등
질문에는 답하지 않았다
여권인사들은 견제성 발언을 쏟아냈다
여론조사에서 뒤지는 가운에 정권과 대립하다가
퇴진한 윤 총장의 존재감마저 부각되면서
'설상가상'이 되는 탓이다

586시대의 종말

경향신문 2021년 4월 3일 토요기획
"권력을 쥐고 돈까지 갖고 싶었던 '586'의
시대는 종말로 향하고 있다" 타이틀의
'박성민 정치인사이드'는 21대 총선 압승으로
'주류 교체'의 승기를 잡은 듯 보였던 더불어민주당이
불과 1년 만에 다시 광야로 내몰릴 줄
누가 알았겠는가라고 하면서
조국 사태로 도덕적 상징 자본을 잃었고
LH사태가 터지면서 적폐청산의 유통기한도 끝났다
오래전 개혁의 대상으로 전락했는데
놀랍게도 아직도 개혁의 주체인 양하는
586 민주화 엘리트들은
무능(無能)·위선(僞善)·부패(腐敗)의 상징이 됐다
미래에 대한 통찰이 없고
현재 문제를 해결할 능력도 없으니
정치는 허구한 날 과거와 싸우고 있다
4월 7일 누가 승자가 되든지 그 결과가
내년 대선의 결과를 알려주지는 않을 것이다
다만 주류 권력을 향한
쟁투의 시작일 뿐이라고 했다

강남은 모두가 '갖고 싶고' '되고 싶고'
'닮고 싶은' 세련된 매력을 상징한다
학벌·부·권력을 모두 가진 사람이
사회적 약자와 연대하고
사회적 이슈에 대해 진보적 목소리를 내는 순간
'강남 좌파'라는 이 시대 최고의 상징자본을 손에 넣었다
조국 사태는 강남좌파와 586 엘리트가
오랫동안 감춰온 위선과 욕망의 민낯을 드러냈다
통찰(通察)은 부족하고 성찰(省察)도 없으니
'현찰(現札)'만 쫓는 게 586 엘리트가
세상을 사는 방식이다
이익(利益)은 사유화(私有化)하고 손실(損失)은
사회화(社會化)하는 게 강남 좌파다
강남 좌파든 강남 우파든 이념이 아니라
대한민국 0.1%의 엘리트가 사는 방식이
문제의 핵심이다
노무현 대통령 때까지만 해도
'깨끗하지만 무능한 진보'와
'유능하지만 부패한 보수'의 프레임이 작동했다
그러나 지금은 둘 다 무능하고
둘 다 부패했다고 지적한다

서울·부산시장 선거 참패

1.

중앙선거관리위원회는
4·7재보선 투표를 독려하는 현수막에
'위선·무능·내로남불'이라는 표현을
사용할 수 없다고 결정했다
국민의힘이 사용여부를 문의하자
"특정 정당을 쉽게 유추할 수 있기 때문"이라고 밝혔다
특정 정당은 여당인 더불어민주당이다
'위선·무능·내로남불'의 당이
더불어민주당이라는 인식을 못 박아준 셈이다
선관위가 편향성 시비에 휩싸인 것은 이뿐만이 아니다
지난달 시민단체가 '보궐선거 왜하죠?'
캠페인을 하려하자
선관위는 선거에 영향을 미칠 수 있다는 이유로 제지했다
여당 소속인 박원순 전 서울시장과
오거돈 전 부산시장의 성추문 때문에 치르게 된 것은
새삼스러운 사실도 아니다

2.

4월 23일 치러진 서울지역 사전투표율은 21.95%로

2013년 4월 재·보선에서 사전투표가 도입된 후
최고치를 기록한 가운데
"상황에 따라 중대 결심을 할 수 있다"는
더불어민주당 박영선 서울시장 캠프 발언을 둘러싸고
설전이 벌어졌다
국민의힘이
"박영선 후보의 후보직 사퇴를 의미하느냐"고 공격하자
민주당이 발끈하고 나선 것이다

3.
LH 직원들의 땅 투기의혹 여파 등으로
문재인 대통령 지지율이 30%대 초반으로 추락하면서
레임덕을 막고 국정운영 분위기를 쇄신하기 위한
'4월 개각설'이 여권에서 확산되고 있다
특히 정세균 국무총리가 4·7재보궐선거 이후
대권 도전을 위해 사의를 밝힐 것이 유력한 만큼
이를 계기로 분위기를 전환하기 위해
개각 폭을 확대해야 한다는 목소리가 커지고 있다
청와대는 정세균 총리 후임 인사를 비롯해
개각시기와 폭을 검토하고 있는 것으로 알려졌다

4.
문재인 정부는 운동권 정부다
운동권 세력이 도덕적 우위를 가지고
청와대·내각·국회를 구성하고 있다

그런데 이런 식의 '내로남불'이라면
문재인 정부만 몰락하는 게 아니라
민주화운동 세력도 함께 도마 위에 오른다
"문재인 정부가 운동권 세력을 폐족시킨 것"이라고 주장하면서
4선 국회의원인 김영환 전 민주당 의원이
4월 5일 광주민주화운동 증서를 반납했다
그는 "지금 민주화의 퇴행·특권과
반칙의 부활을 지켜보면서
과거 동지들의 위선과 변신에 대해
깊은 분노와 연민을 느낀다"며
"저와 아내의 이름을
모든 전산에서 삭제해주시기를 부탁드린다"
"운동권 정치인이 곧 정의이자 민주주의라고 생각하니
독선과 독주로 흐른다
민주화운동으로 희생한 분을
조롱거리로 만들었다"라고도 했다

5.
세계 반도체패권경쟁!
4월초 워싱턴에서 열린
한·미·일 3국 안보실장 회의에서
미국 측이 중대 안보사안으로
반도체 공급 문제를 거론했다
중국에서 열린 한·중 외교장관 회담에선

중국 측이 "반도체 등 첨단 분야에서
한국이 협력 파트너가 되길 바란다"고 했다
세계 1,2위 패권국이 한국반도체 산업을 향해
"우리 편에 줄 서라"고 노골적으로 주문한 것으로
세계 반도체의 72%는 한국·대만 등
아시아에서 생산된다
바이든 행정부가 반도체산업에
500억 달러(약56조 원) 지원을 약속한 이 중대한 시기에
삼성전자 이재용 부회장을 구속수감하고 있는 것들이
대한민국이다
도망갈까 봐…

6.
오늘 4월 7일 서울·부산 시장 보선투표
여야 운명 가르는 날 아침이다
여는 3% 포인트 차이 승리
야는 15% 포인트 이상 압승을 주장하고 있다
박영선은 "다시 촛불정신"
오세훈은 "위선 심판의 날"을 호소했다
북한은 코로나 방역을 위해
7월 도쿄올림픽 불참을 선언
문재인 정부의 일방적인 대북 구애(求愛)에 제동이 걸렸다고
한국은 백신접종 순위 111위 국가로 전락
국민고통·경제손실 끝 안 보여 쇼 멈추고

백신 확보에 힘 쏟아야 등 어수선한 아침이다
여야 승패를 가를 최대 변수는
'부동산 민심'이라지만 결국
상호 고발전으로 간 '네거티브 공방'으로
선거 뒤 후유증을 염려하기도 한다

7.
4·7재보선 투표가 완료되고 4월 8일
아침이 되었다
'정권을 심판했다 서울이 뒤집어졌다'
'민심은 매서웠다 무능·오만 여당 참패'
'부동산 분노 정부·여당 심판했다' 등의
타이틀의 신문은 요란했다
국민의힘 오세훈 후보 서울 25개구 싹쓸이
국민의힘 박형준 후보 부산 16개구 싹쓸이
겸허히 모든 것 받아들이겠다는
더불어민주당 박영선 서울시장 후보
더불어민주당 김영춘 부산시장 후보
LH사태·내로남불·입법폭주로 쌓였던 분노가 폭발했다
청와대 예상 넘는 대패에 충격
레임덕 불가피
야당이 잘해서가 아니라 여당이 잘못한 것이라고…

8.
중국을 통일한 진시황(秦始皇)의

진(秦: bc246-bc207)이 멸망하고
유방(劉邦)의 한(前漢: bc206-ad8)나라가 건국되었으나
한(漢)나라는 왕망(王莽)의 신(新: ad8-ad25)나라를 기점으로
전한과 후한으로 나뉘었다
신(新)나라를 건국한 왕망은 전한 시대 명사(名士)였다
명문가 출신인 그는 바른 행실과 검소함으로
존경을 받았다
의복과 물건을 주변과 나누고
명사들과 교류하며 명성을 쌓아
이를 배경으로 황제의 장인이 된 그는
제위(帝位)를 찬탈했다
황제가 된 그는 대지주를 성토하며
일정 이상의 토지는 농민에게 나눠주게 했고
사사로운 토지 거래는 금지했다
화폐개혁을 단행하고
술·소금 등에 높은 세금을 매기게 했다
이게 그의 민생안정책(民生安定策)이었다
그러나 물가가 폭등해 사회혼란이 야기됐고
결국 각지에서 반란이 일어났다
민심이반(民心離反)은 사나웠다
반란군이 순식간에 점령하고
수도 장안으로 진격하자 왕망은 당황했다
그때 대사마 최발이 울음으로써
하늘에 구원을 청하자고 제안해

왕망은 이를 따라 문무대신들과 함께
아침저녁으로 통곡했다
특별히 구슬프게 잘 우는 자는
낭관으로 임명하기도 했으나
통곡은 효험이 없었다
신나라는 16년 만에 멸망했다
왕망은 천명을 받들어
수명이 다한 한(漢)나라를 무너뜨렸다고 생각했지만
그의 실정(失政)은 유수(劉秀: 25-57)로 하여금
후한(後漢: 25-220)을 재건케 했다
왕망에 대한 중국 역사학자 이중톈은
"탁상공론만 하고 결정은 하지 못했고
민생·소송·관리의 품행 등 급선무는
나 몰라라 했으니
실패하지 않고 배기겠는가?"라고 했다

9.
더불어민주당 지도부가
4·7재보궐선거 참패의 책임지고 8일 총사퇴했다
김태년 대표 대행은
"지도부 사퇴 후 전당대회와
원내대표 선거는 최대한 앞당겨 실시할 것"이라고 발표했다
4·7재보궐선거는 예상을 뛰어넘는 실패였다
서울 25개구 중 박영선:오세훈은 0:25

425개동 중 5:420으로 참패했다
5개동 승리도 강서구 화곡8동 309표차 승리
구로구 항동 96표차 승리
구로구 구로3동 863표차 승리
마포구 성산1동 179표차 승리
종로구 찬신2동 41표차 승리였다

서울 25개구의 총득표율은 오세훈 57.50%
박영선 39.18%이며
각 구별로 두 후보의 득표율 차는 다음과 같다
강남 49.22% 서초 44.28% 송파 30.63%
용산 30.08% 성동 22.59% 강동 21.34%
영등포 20.03% 양천 17.83% 광진 16.92%
중구 16.83% 동작 16.49% 동대문15.70%
마포 14.46% 종로 13.98% 노원 12.58%
도봉 11.96% 서대문11.93% 강서 11.39%
성북 10.71% 중랑 9.65% 구로 9.48%
금천 6.89% 관악 6.53% 은평 6.36%
강북 6.04%

10.
4·7재보궐선거를 승리로 이끈 국민의힘은
오랜만에 승리를 만끽하고 있다
개선장군 김종인 비상대책위원장은
4월 8일 퇴임 기자회견에서

"국민의 승리를 자신들의 승리로 착각하지 말라"는
말을 남기고 떠났다
여당의 참패로 끝난 4·7선거와 관련해
문재인 대통령은
"국민의 질책을 엄중히 받아들인다
더욱 낮은 자세로 보다 무거운 책임감으로
국정에 임하겠다"고 밝혔다
여권 내에서조차 일방통행식 국정운영을
선거의 패인으로 꼽는 목소리가 나오는 걸 의식해
자세를 낮춘 것이다
속으로는 울고 싶은 심정일 것이다

구한말에 시일야방성대곡을 쓴 장지연과
한(漢)나라를 두 동강 낸 왕망(王莽) 때처럼
같이 울어줄 낭관(郎官)은 없나요?

11.
진짜 울어야할 사람은 또 있다
주체할 수 없을 정도로 체중은 불어나고
국가경제는 궁핍해지는 북한의 김정은 위원장은
당세포비서대회 폐회사에서
"더욱 간고한 '고난의 행군'을 할 것을 결심했다"고 말했다
그는 "어떤 우연의 기회가 생길 것을
절대로 믿지 않는다

그 어디에 기대를 걸거나
바라볼 것도 없다”고 덧붙였다
수해와 대북 제재에 코로나19 사태까지 겹치며
경제 상황이 최악으로 치닫는 와중에
외부 지원이 아닌 자력갱생(自力更生)으로
위기를 돌파하겠다는 의지를 분명히 밝힌
그 심정이 오죽하겠는가
‘고난의 행군’은 1994년 김일성 사망 이후
국제적인 봉쇄 조치와 자연재해가 겹쳐
북한에 수십만의 아사자(餓死者)가 발생한
시기를 상징하는 말이다

김제방 출판도서 연보

김제방 출판도서 연보

수필집(여름사 · 지문사 · 행림출판)

1988년 인간적인 것이 그립다
1989년 빌딩숲에 매달린 고슴도치
1991년 어느 여름밤의 방황
1992년 물꼬를 터가는 사람들
1993년 사도세자 압구정역 하차
비에 젖은 남치맛자락
1994년 둥지를 찾아 헤매는 텃새
1996년 호박이 넝쿨째 굴렀네
목화꽃이 필 무렵

시집(지문사 · 한솜)

1998년 이집트로 가는 길
1999년 오아시스로 가는 길
2000년 베이징으로 가는 길
2001년 긴 만남 짧은 이야기
왕건의 나라
장하다 홍국영
2003년 흥선대원군·명성황후
2004년 고종황제의 최후
2005년 이승만과 김구의 대좌
2006년 박통의 그늘
세종대왕의 실수
2007년 불타는 창덕궁

역사서(문학공원)

2009년 한국근현대사
2010년 한국중고대사
2011년 조선왕조사
　　　　한국민주화역사
2013년 성공한국사
2015년 한국현대사 · 1
　　　　한국현대사 · 2
　　　　한국현대사 · 3
2016년 한국현대사 · 4
2017년 한국현대사 · 5
　　　　한국현대사 · 6
2018년 세계사와 함께 읽는 재미있는 韓國史

역사서사시집(문학공원)

2018년 우면산 돌담불
2019년 한강의 기적
　　　　5·16혁명
2020년 박정희 황금시대
　　　　문재인 적폐시대
　　　　이승만 건국시대
　　　　전두환 오판시대
2021년 코로나 비상시대
　　　　흔들린 민주주의
　　　　박정희 100년 시대
　　　　추억의 대한제국

김제방 역사서사시집
추억의 대한제국

초판발행일 2021년 12월 5일

지은이 : 김제방
발행인 : 김순진
편집장 : 전하라
디자인 : 김초롱
펴낸곳 : 도서출판 문학공원
등 록 : 2004년 3월 9일 제6-706호
주 소 : 우편번호 03382 서울 은평구 통일로 633
녹번오피스텔 501호 스토리문학사
전 화 : 02-2234-1666
팩 스 : 02-2236-1666
홈페이지 : http://www.munhakpark.com/
이메일 : 4615562@hanmail.net

※ 책값은 뒤표지에 있습니다.